亲近历史·中华上下五千年

对话大明

QINJIN LISHI ZHONGHUA
SHANG XIA WUQIAN NIAN

周婧景　编写
朱科夫　绘画

全国优秀出版社
浙江少年儿童出版社
·杭州·

图书在版编目（CIP）数据

对话大明/周婧景编写. —杭州：浙江少年儿童出版社，2019.3

（亲近历史·中华上下五千年）

ISBN 978-7-5597-1258-5

Ⅰ. ①对… Ⅱ. ①周… Ⅲ. ①中国历史-明代-少儿读物 Ⅳ. ①K248.09

中国版本图书馆CIP数据核字(2019)第019695号

责任编辑 赵凯杰　美术编辑 陈悦帆

封面绘画 郑凯军　封面设计 辰辰星

责任校对 沈 鹏　责任印制 孙 诚

亲近历史·中华上下五千年

对话大明

DUIHUA DAMING

周婧景 编写

朱科夫 绘画

浙江少年儿童出版社出版发行

（杭州市天目山路40号）

杭州下城教育印刷有限公司印刷　全国各地新华书店经销

开本880mm×1230mm 1/32 印张6.25 印数1—10000

2019年3月第1版　2019年3月第1次印刷

ISBN 978-7-5597-1258-5　定价：28.00元

（如有印装质量问题，影响阅读，请与购买书店联系调换）

承印厂联系电话：**0571-85361198**

目录 MULU

鄭

唐 寅

引言

明朝(1368—1644)是一个怎样的朝代?它是从衰败中走向活泼、开放的朝代,中国两千年的封建制度在这时迎来了成熟后的蜕变。明朝中后期,资本主义萌芽出现,旧的思想观念开始解体,老百姓相对自由了些,新东西多了起来。

14世纪,郑和下西洋开创了人类航海时代的新纪元,大明王朝船舶工业之盛、军容之威,曾经名震东方,大明王朝的船队将海上航线一鼓作气推进到阿拉伯半岛和非洲东岸。然而,明朝政府厉行海禁政策,虽然一度有郑和下西洋的壮举,但并没有因此抓住发展、建立海上优势的机会。

即便如此,明朝仍然是当时世界上最强大的王朝,它有着众多的世界第一:国土面积世界第一,耕地面积世界第一,人口数量世界第一,矿产量世界第一,白银占有量世界第一,军队数量世界第一,船只总吨位世界最大……

看看这些令人目不暇接的第一,你能从中想到什么呢?让我们一起来走进明朝、拥抱明朝、解读明朝吧!

1 从乞丐到皇帝

在中国历史上，除了朱元璋，哪个皇帝在登基前当过和尚？哪个皇帝在登基前当过乞丐？没错，相貌奇伟、器宇轩昂的朱元璋，是历史上一位富有传奇色彩的皇帝。

民间传说，朱元璋的母亲陈氏有一次梦见一位神人给了她一颗发光的药丸，她将这颗药丸吞入了腹中，醒来后口中尚有余香。不久，她发现自己怀孕了，孩子出世的那天，红光满室，邻里都误以为朱家起火了，纷纷赶来搭救，结果发现，原来是朱家新添了一个男婴，他就是朱元璋。

事实上，这只是出身贫贱的朱元璋在建立明朝后为自己抬高身份的一种说法。在中国历朝开国皇帝中，朱元璋是极少数出身赤贫的人之一。然而，无论如何，在蒙古人建立元朝、统治中国近一百年之后，恰恰是他——明朝的开国皇帝朱元璋，推翻元朝腐朽统治，南征北战完成了统一大业，并着手恢复社会经济文化。

好香啊！我把它吃了吧。
宝宝快要出生了。
那房子着火了，快来人啊！
哇
哇
在那个晚上，我出生了。
最终，我成了明朝的开国皇帝。
朱元璋

和尚变将军

明朝的开国皇帝朱元璋出生在安徽凤阳，当时叫钟离，隶属于濠(háo)州。元朝末年，统治腐败，民不聊生，淮北遭遇大旱和瘟疫，随即爆发了郭子兴领导的轰轰烈烈的红巾军起义。

郭子兴原本是定远(今属安徽)的一个财主，因为经常受地方官吏的敲诈勒索，心里气愤不过，便加入了白莲教。他拿出家里的钱财，摆酒设宴，结交各路江湖好汉，只待一有机会，就杀死那批贪官污吏，出口恶气。时机终于成熟了，1352年，郭子兴和四个朋友一起，带领着几千人，摸黑攻向濠州城。此行十分顺利，不久濠州城被占领，郭子兴和他的四个朋友纷纷自称元帅，宣布起义。

不久，元朝派大将彻里不花前来剿灭这帮起义军。然而，彻里不花胆小怕事，不敢攻城，只是在城外安营扎寨，命令士兵在城外捉一些老百姓充当战俘，向上头邀功请赏。城外老百姓被逼无奈，纷纷投奔城里的郭子兴，起义军的队伍非但没有被剿灭，反而越来越壮大。

有一天晚上，濠州的红巾军正在城门边巡逻，忽然城外来了一个和尚，说要投奔红巾军。守门的红巾军兵士怀疑他是元军派来的奸细，是来刺探军情的，就把他捆绑起来，并将此事报告了郭子兴。

郭子兴一听，心想也许来人真是投奔他的好汉，而自己也正需要有能力的人，便骑马来到城门口，只见那个被捆绑起来的和尚虽然衣服破烂不堪，却长得浓眉大眼，十分剽悍。郭子兴一看，心里十分欢喜，马上命令兵士给他松绑，并把他

历史微课

红巾军 红巾军最初兴起于北方，以韩山童、刘福通为首领，起义之前韩山童被捕杀，刘福通带韩山童之子韩林儿杀出重围。在红巾军的影响下，全国各地农民起义军纷纷响应，如蕲(qí)水(今湖北浠水)的徐寿辉部、南阳(今属河南)的布王三部、濠州的郭子兴部等。朱元璋最早就是在郭子兴的起义军中。

带回了元帅府。

这个投奔郭子兴的青年和尚,就是朱元璋。朱元璋十七岁那年,家乡发生了严重的旱灾和蝗灾,接着又是瘟疫,他相继失去了父母和大哥,只剩下自己和二哥。兄弟俩穷得连买口棺材的钱也没有,多亏邻居同情他们,帮助他们掩埋了亲人。之后,朱元璋就出了家,在附近的皇觉寺当了一名小和尚。寺院里的小和尚,其实是给人使唤的仆人。朱元璋每天起早贪黑,伺候师父、师兄,扫地、上香、敲钟、做饭,日子过得很辛苦。

但是,在天灾不断的日子里,想要在皇觉寺混口饭吃也不容易,因为皇觉寺是靠收租米过日子的,而这一年的灾情特别严重,皇觉寺收不到租米,眼看就要断粮了。朱元璋在寺里才待了五十天,师父、师兄们就一个个离开寺院到外面化缘去了,朱元璋也被打发出门,带着小木鱼和钵头流浪讨饭。

朱元璋再次回到皇觉寺,已是三年后的事,那时濠州的灾情已稍稍缓解。又过了几年,红巾军起义爆发了。后来,濠州被红巾军占领了,他们到处举兵反元,元兵则节节败退。朱元璋在寺里不断听到外面传来的消息,他认为穷人出头的日子到了,就离开皇觉寺,到濠州来投奔郭子兴,于是就上演了刚才和尚参军那一幕。

郭子兴与朱元璋交谈后,发现他口齿伶俐,反应灵敏，就更加赏识他了，马上叫他脱下和尚的袈裟，换上兵士服装，担任了亲兵长。

朱元璋没有辜负郭子兴的期望，参军后没过多久就表现出非凡的才能。他打仗有勇有谋，郭子兴把他当作心腹看待，打仗前，总要先跟他商量。渐渐地，朱元璋在起义军士中的声望越来越高了。

郭子兴有个好朋友姓马，在郭子兴起兵那年病死了。马公临终时，把他的孤女托付给郭子兴照顾。郭子兴把女孩带回家里，交给妻子张夫人抚养，对她一直视如己出。女孩长大后，郭子兴想给她寻个好归宿，发现朱元璋是个人才，于是就和夫人商量，决定把她嫁给朱元璋。小和尚成了"朱公子"，做了郭元帅的女婿，地位当然就不同了。

南征北战完成统一大业

濠州的红巾军里，连郭子兴在内，共有五个元帅。五个人平起平坐，不分高低，谁也管不了谁。然而，他们之间存在矛盾，因为除了郭子兴，另外四个人都有些不讲纪律。郭子兴看不惯他们，他们也不喜欢郭子兴。日子一久，矛盾越来越深，那四个人联合起来，设法排挤郭子兴。有一次，郭子兴差点遭到毒手，幸亏朱元璋得到消息，把他救了出来。

朱元璋认为，濠州起义军的大部分将帅心胸狭窄，自己在他们手下干事，成不了什么气候，就回到老家招兵买马，打算自己干。他少年时候的伙伴徐达、汤和，听说他做了红巾军的

将领，都来投奔，不到十天，朱元璋招募到的士兵就达到了七百多人。后来，朱元璋又带兵袭击元军，招降了一批元兵，进一步壮大了自己的势力。

朱元璋募得大批生力军后，专心经营，整顿纪律，加紧训练，一支原本松松垮垮的军队，不久便被训练成了一支战斗力很强的队伍。

历史微课

陈友谅、张士诚 陈友谅(1320—1363)原本是徐寿辉手下的起义军将领，后来杀徐寿辉，登基称帝，国号汉。后陈友谅在鄱阳湖大战中被朱元璋打败，中箭而死。张士诚(1321—1367)原来是盐贩，因受不了盐吏欺压而起义，建立大周政权，后被朱元璋打败，上吊自杀。

1355年，郭子兴病死，其旧部尽归朱元璋统领。次年，朱元璋攻下集庆(今江苏南京)，元军主将率三万六千余人归降。在接下来的几年里，朱元璋相继攻下皖南、浙东等地，势力越来越壮大。他采用谋士朱升的建议，“高筑墙，广积粮，缓称王”，为成就统一大业做着积极的准备。

随着朱元璋的势力日益强盛，朱元璋和其他割据势力的矛盾越来越尖锐。1364年，朱元璋消灭了江西的陈友谅势力，同时自立为吴王。为统一南方，他挥师东进，向盘踞在两浙的割据势力张士诚进攻，并于1367年消灭了张士诚。

1368年，朱元璋在一片凯歌声中称帝，定国号为大明，定都应天(今江苏南京)，明王朝正式宣告成立。

不久，明军挥师北伐，直逼元大都（今北京）。大将军徐达率领的北伐军势如破竹，一举攻克大都。元朝灭亡，蒙古人的势力重新退回到长城以北。

朱元璋仅以一介平民，与群雄角逐，只用了十几年时间，就推翻元朝，平定天下，成为明朝的开国皇帝，原因有很多。天时、地利、人和这几项条件缺一不可；另外，朱元璋的知人善任也是其中很重要的一个原因。他笼络了一大批谋臣勇士，如刘基、徐达、常遇春等。他们或运筹于帷幄之中，或驰骋于疆场之上，都建有卓越功勋，是朱元璋平定天下的大功臣。

节俭的朱元璋

朱元璋出身农家，从小家境贫寒，他深深体会到农民生活的艰辛、物质的匮乏，因此当上皇帝后，他身体力行，带头倡导节俭。

明朝建立后，按计划要在南京营建宫室。负责工程的人将图样送给朱元璋审定，朱元璋当即把雕琢考究的部分全去掉了。不仅如此，工程竣工后，他还叫人在墙壁上画了许多触目惊心的历史故事做装饰，勉励自己时刻不忘历史教训，就连有个官员想用好看的石头铺设宫殿地面，也被他当场狠狠地教训了一顿。

朱元璋不爱奢华，讲求实际。他睡的御床与中产人家的睡床没有多大区别，每天早膳，只有蔬菜就餐。朱元璋用的车舆器具服用等物，按惯例该用金饰的，他都下令以铜代替。主管这事的官员说，这用不了多少金子，朱元璋却说："朕富有四海，难道会吝惜这点黄金吗？但是，所谓俭约，不从朕开始做起，怎能表率天

历史微课

朱元璋与"四菜一汤" 明朝初年，朱元璋积极提倡节俭。相传，一天，他宴请群臣，为皇后祝寿。大臣们没想到的是，桌上只有四盘菜和一碗葱花豆腐汤。朱元璋当众宣布："今后当官的请客，最多只能'四菜一汤'，谁若违反，严惩不贷。"从此，"四菜一汤"的规矩便从宫廷传遍官场，形成了廉政的风气。

下？你们要谨记：奢侈的风气，都是由小到大逐渐形成的。”

在朱元璋的影响下，宫中的妃嫔和内侍也十分注意节俭。有一次，一个内侍穿着新靴子在雨中行路，被朱元璋发现了，被痛骂了一顿。还有一个内侍穿了件十分华丽的新衣服，朱元璋见了十分不高兴，问他：“做这衣服花了多少钱？”内侍回答道：“五百贯（每贯约折银一两）。”朱元璋痛心地说：“五百贯是数口之家的农户一年的用度，而你却用来做一件衣服。如此骄奢，实在是太不应该了。”

朱元璋终生严格要求自己，不懈怠，不腐化。虽然小时候因为家境贫寒没有读书的机会，但他从军后一直坚持读书学习，直到老年一直保持勤奋好学的作风。作战理政之余，他常常请儒生讲述经史。经过几十年的刻苦学习，他不但能亲自撰写军令，还能像文人墨客那样吟诗作赋呢。

让百姓安居乐业，休养生息

朱元璋非常珍惜来之不易的江山，他精心治理大明帝国，期盼朱家王朝能够万世长存。

明朝刚刚建立时，中华大地遭受了近二十年战乱的破坏，一片凋敝景象。朱元璋提出了“安民为本”“藏富于民”的主张，并制定休养生息的政策来大力恢复和发展生产。1368年，朱元璋称帝不久，各地州、县官员进京朝见，朱元璋对他们说：“天下初定，老百姓财力困乏，像刚会飞的鸟，不可拔它的羽毛；如同新栽的树，不可动摇它的根。现在最重要的是让百姓安居乐业，休养生息。”

朱元璋鼓励老百姓开拓荒地，规定凡是新开垦的荒地，永远为开拓者所有，且三年免税。他还实行移民屯田的政策，把人多地少地区的农民迁往地广人稀的地区，国家免费发放耕牛、农具和种子给移民。朱元璋鼓励老百姓种植经济作物，规定凡是种植桑、棉、麻的土地，政府从第四年才开始征税。具体赋税政

历史微课

明初大移民 元朝末年，各地战争不断，加上水旱灾害频发，中原地区人口大量减少。而这时候的山西，战乱较少，风调雨顺，连年丰收，大量难民流入山西，致使山西成了人口稠密的地区。明朝初年，政府从山西大量移民到中原地区，洪洞县广济寺旁的大槐树成为当时最大的移民集散地。

策方面，不仅农业轻税，商业也实行“三十税一”的政策，对于小摊小贩，则一律免税。在这些措施的推动下，农民生产热情高涨，明初农业发展迅速，元末农村的残破景象得到改观。

除了民屯外，朱元璋还大力实行军屯和商屯。所谓军屯，就是让士兵从事农业生产以自给自足；商屯是指商人在边境雇人种田，就地缴粮，以换取政府专卖的盐引，支领食盐，贩卖牟利。军屯和商屯成功地减轻了国家和老百姓的负担。

朱元璋十分重视兴修水利。在即位之初，朱元璋就下令，凡是百姓提出的有关水利的建议，地方官吏须及时奏报，否则将严惩。到1395年，全国共开塘堰40987处，疏通河流4162条，成绩卓然。

朱元璋出身农民，深知灾荒给农民造成的痛苦，他规定：全国各地凡遇水、旱等灾害，不但免除当年的赋税，还得开仓赈灾；各地设立养济院，收留生活无着落者，并按月发给粮食；贫穷人家无力埋葬死者的，由政府赞助墓地和丧葬费；年满八十的老人，国家赐给养老待遇；穷人家卖子女的，官府出钱收买，同时安排他们到富人家里做佃户，并鼓励富户借米

给穷人，国家则以免除富户杂役的形式对他们进行奖励；粮食涨价时，政府开仓平价卖米，以此平抑米价；外出的饥民回到家乡以后，政府按日发给口粮，并兴办公共工程以安置流离失所的百姓。

为稳定农村秩序，朱元璋还首创里甲制度，在此基础上又创立了“里老人”制度，利用人们尊老敬老的传统，推举德高望重且乐于服务的老人调解邻里间的各种纠纷。被推举出来的乡里老人有权惩治游手好闲、称霸乡里的泼皮无赖，教育村民去恶从善。政府还提倡建设“和睦乡里”，由乡里老人组织村民们在婚嫁丧葬之时互助互济，村民各尽其力，资助穷困者。

朱元璋的这些政策很快稳定了社会与民心，促进了经济发展，使百姓在经历生灵涂炭的战火之后，逐渐过上了幸福安定的生活，明朝也由此得以走向繁荣强盛。

2

追踪明初几大案件

天下初定之后，朱元璋并未像唐、宋等朝的开国皇帝那样，实行较为宽松的治国方略，而是采取了极为严酷的刑法统治。

朱元璋高度重视法律制定工作。1397年，几经修改的《大明律》正式定本。在这之前，朱元璋本着“重典治吏”的方针，陆续颁布了《明大诰》。《明大诰》是严刑惩治官吏的特别刑法，对贪污官吏处罚特别重，规定犯有赃罪的官吏，一律发配充军；凡是贪污六十两银子以上的官员，都要处死，还要“剥皮实草”，就是把犯人的人皮剥下来，里头塞满稻草，挂在衙门公堂旁，以警告继任的官员。

朱元璋对自己制定的法律，带头实行，而且执法相当严厉，这在明朝初年几宗大案的处理上表现得淋漓尽致。这种处理给朝廷的统治带来了一些好处，朱元璋也借此收揽皇权于一身，加强了中央集权。

剥皮实草
好可怕呀，我可不能像他们一样。

朱元璋反贪

朱元璋出身贫苦，小小年纪就被迫出家当和尚，年轻时四处流浪，不仅目睹了贪官污吏鱼肉百姓的种种恶行，就连自己也饱受贪官污吏的敲诈勒索。所以，他参加起义队伍后就曾发誓：一旦自己当上皇帝，就要杀尽天下贪官。

明朝建立不久，朱元璋就制定了一项惩治贪官污吏的规定，凡贪污六十两银子以上的官员格杀勿论。他让各府、州、县在衙门的旁边修一座小庙，里面供奉土地神。这座小庙是扒贪官皮的场所，人们叫它“皮场庙”。在衙门的公堂旁边，悬挂一个楦满草的人皮袋子，叫“皮草囊”。

用这种办法来惩治贪赃枉法的官吏，看起来的确有些残酷，但也说明了朱元璋对贪官污吏的痛恨。他从元朝的灭亡中总结出一条教训：“元朝因宽容放纵贪官污吏，把江山丢掉了；如今我得了天下，若不用严刑峻法，便不足以矫正积弊！”

朱元璋还颁布一道命令，允许乡里老人有参议政事的权利。如发现当地官吏有害民的行为，乡里老人可以到衙门去当面规劝；规劝不听，可以上告朝廷，朝廷即刻派人将那人捉拿归案，严格审查。

从洪武四年(1371)到洪武十八年(1385)，朱元璋办了好几起惩治腐败的大案。他规定，凡有贪污案件，都要层层追查，顺藤摸瓜，直到查清案情，将贪污分子一网打尽为止。这样做固然可以使贪官无处遁形，但在当时社会制度不健全的情况下，也容易形成弊端，往往累及无辜，造成大量冤案。由于诛戮过甚，两浙、江西、两广的行政官吏，从洪武元年(1368)到洪武十九年

(1386)，竟然没有一个做到任期满的，无数人遭到罢免或杀头。

历史上大多数时候，官员们都是安安稳稳享福，而百姓却在官员的淫威下战战兢兢地过日子。在朱元璋统治的时代，一切都转变了，官员们必须提着脑袋战战兢兢地过日子，而老百姓则可以安居乐业。作为一个贫苦人家出身的皇帝，朱元璋是理解穷人、同情穷人的。

郭桓案

明朝历史上曾经发生过一件触目惊心的贪污案。那是在洪武十八年(1385),有人向朱元璋状告户部侍郎郭桓和其他人勾结,私分各地收缴上来的赋税和粮食,数额非常大,全部折合成粮食,贪污数额竟超过两千四百万石。

对此,朱元璋惊诧万分,怒不可遏,马上下令从中央到地方各级层层严查,要求一查到底,督促接受赃款的官员如实退赔。

可这些贪官装到口袋里的东西哪能轻易再倒出来呢?各地官员都下发通知,要求老百姓各家各户分摊这些损失。

朱元璋知道实情后,大为震怒,他下定决心,要

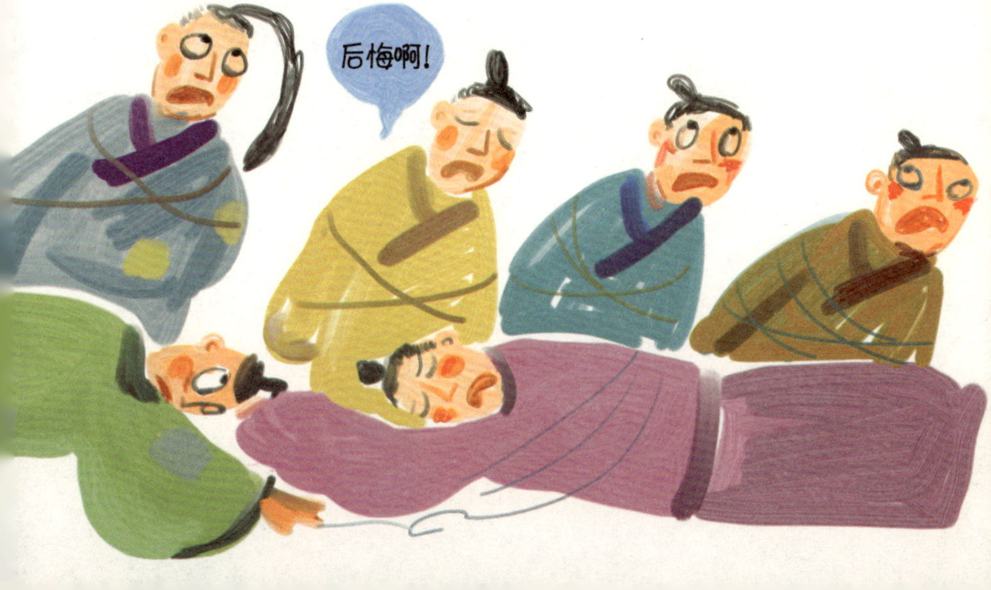

严惩各级官员和牵连到这起案件当中的富民。好几万人在这个案子中被关进监狱致死，中产以上人家被抄家、杀头者不计其数，这就是有名的“郭桓案”。这样大规模的惩处，在当时真的是惊天动地的事。

因为郭桓案牵连的人数太过庞大，所以有人说，皇帝玉石不分，里头必定有好人被冤枉了。朱元璋也为自己辩解，说他原本只是要惩治贪赃枉法之徒，谁让手下人搞扩大化了呢？

历史微课

明初四大案 郭桓案和空印案、蓝玉案、胡惟庸案并称为明初四大案。空印案是朱元璋严惩地方官吏拿空白官印账册到中央户部结算钱谷的大案，是明初整顿吏治的大案；郭桓案是惩治贪污的经济大案；蓝玉案和胡惟庸案是朱元璋大杀开国功臣的政治案件。四大案都是朱元璋为整顿吏治、加强集权而策划的，牵连之广，历史罕见。

于是，朱元璋又把审理郭桓案的主审官给处死了，说以后再惩治贪官污吏，不许搞扩大化。这样就两边摆平了。

郭桓案之后，为了反腐树廉，朱元璋出台了惩治经济犯罪的法令。法令中有一项财务技术上的规定，人们书写票据上的金额时，汉字“一二三四五六七八九十”要改用大写的“壹贰叁肆伍陆柒捌玖拾”，以防他人涂改。

朱元璋挥泪斩爱婿

洪武年间，朱元璋派他的女婿欧阳伦出使西域。

这位欧阳伦立过一些战功，他的官衔是都尉。只见他一身戎装，骑在高头大马上，儒雅而威武。作为使者，就要显示出大明朝的气派，朱元璋对他十分欣赏，视他为乘龙快婿。公主恋恋不舍，但皇命在身，也留他不得，于是千叮咛万嘱咐地送夫君出发了。

欧阳伦一行人从京城出发，没多久到了长安(今陕西西安)——古代丝绸之路的起点。他早就听人讲过，西域的百姓“宁可一日无食，不可一日无茶”，巴蜀茶在西域十分走俏。于是，他想：何不利用职务之便，倒卖茶叶，大捞一把？

当时，中原地区盛产茶叶，而青海、西藏的百姓为了得到茶叶，就得用当地的特产来做交换。明朝为了控制这些地方，颁布法令，严禁私自贩卖茶叶。

然而，欧阳伦利欲熏心，明知故犯，仗着自己是皇亲国戚，怂恿家人倒卖茶叶。他每到一个地方，就动用权力，征用地方车辆；地方官员伺候不周，他就对地方官连打带骂。有些地方官怒了，告到朱元璋那儿。朱元璋虽然心有不忍，但还是下了圣旨，

杀了欧阳伦。

欧阳伦是驸马，他的妻子就是马皇后的亲生女儿——安庆公主，可谓身份显赫。朱元璋为了治理好国家，为了建立一支有纪律、有效率、廉洁的官员队伍，不惜大义灭亲，这恐怕是欧阳伦始料未及的。

朱元璋非常清楚自己所做的事情，他也常常跟子孙们说：“我之所以用这个重刑、那个重典，是吸取了蒙古人亡国的教训。要治理他们留下的烂摊子，只能用重刑，这也是没办法的事。以后你们不应该用重刑，因为我把秩序治理好了，将来你们作为守成之君就可以休养生息了。”

驸马，你就安心地去吧！
我好后悔啊！

收天下权力归于皇帝一人

宰相作为辅佐皇帝的职务，由来已久。可以说，中国自有皇帝开始，就有实际权力在“一人之下、万人之上”的宰相职务。

明朝刚建立的时候，也实行宰相制。当时的宰相称为丞相，分左丞相和右丞相，其中左比右大。

朱元璋当皇帝没多久，就逐渐感到皇权与相权的冲突，唯恐臣下权力太大，会导致元末“宰相专权”的局面重演。因此，朱元璋几次设法调整，以加强皇权。最早被杀的是左丞相杨宪。杨宪因玩弄权术，陷害同僚，被朱元璋处死了。

后来，胡惟庸晋升为左丞相，位居百官之首。就在这个时候，发生了历史上著名的“云奇告变”。

洪武十三年(1380)，朱元璋乘车出宫，打算到皇宫附近的胡惟庸家去。

可是刚出西华门，就有一个人朝皇帝的仪仗队冲了过来，横在路中，指着胡惟庸家的方向说不出话来。侍卫们上前抓住他就打，把他的胳膊都打断了。这个被打的人叫云奇，是看守西华门的一个宦官。

这是怎么回事呢？

原来，左丞相胡惟庸报告朱元璋说，他家的井里头涌出清泉，请朱元璋到家里来观赏，还说这是祥瑞之兆，是因为国家治理得好，因此上天要降福。朱元璋听了非常高兴，兴冲冲地来了，结果路遇“云奇告变”。

敏感的朱元璋

见此情景，立即打道回宫。他登上西华门城楼，发现胡惟庸家里藏着士兵，刀枪林立，于是马上下令以“谋反罪”逮捕胡惟庸，当天便处死了他。因“胡惟庸案”被诛杀的人总计达三万余。

很长时间以来，没有人怀疑胡惟庸案的真实性。几百年以后，有位名叫吴晗的历史学家在一篇著名的文章《胡惟庸党案考》中写道，胡惟庸案是一个冤案，“云奇告变”子虚乌有。

那么，胡惟庸究竟为什么被处死了呢？

据说，胡惟庸仗着朱元璋的信赖，独揽丞相大权，结党营私，为所欲为。他随便提拔人和处罚人，很多人投奔到他的门下，给他送去的金银财宝不计其数。有很多事情，胡惟庸都不让皇帝知道。实际上，朱元璋最恨胡惟庸的地方，就是他的结党营私和专权。

终于，在洪武十三年，朱元璋找借口除掉了胡惟庸。他非但要除掉胡惟庸，还要废除丞相制度，永绝后患。朱元璋把撤销丞相制度这件事写到《祖训》里头，说以后不许立丞相，如果有人胆敢建议立丞相，一定要严惩。这样，六部直接对皇帝负责，除皇帝外，无人能独揽大权。

宰相制度在中国历史上延续了将近两千年，到了朱元璋手里被废除了。清朝也没有宰相。电视连续剧里说到宰相刘罗锅，实际上只是对他的尊称。

洪武二十六年(1393)，朱元璋又借口凉国公蓝玉谋反，大肆杀戮功臣名将，这个重大政治案件史称“蓝玉案”。因蓝玉案被株连杀戮的人前后达一万五千，当时被称为“蓝党”。该案与胡惟庸案合称为“胡蓝党狱”。可以这么说，经过这两个案件，明朝功臣宿将已被屠戮殆尽，出现了朝中无人、国中无将的局面。

朱元璋用杀戮的手段大肆铲除权臣，虽然暂时解决了皇帝和权臣之间的矛盾，却滋生了宦官专权。另外，正因为缺少了能臣的督促和辅佐，朱元璋以后的明代皇帝大多是碌碌无为之辈，这恐怕是一心增强皇权的朱元璋所始料不及的。

历史微课

蓝玉(?—1393) 明朝开国将领。他勇敢善战，有勇有谋，在征四川、讨西番、平云南等战役中屡立战功。后他又单独领兵北征，在捕鱼儿海(今贝加尔湖)大破北元，官拜大将军，封凉国公。蓝玉最后以“谋叛罪”被杀，剥皮实草，传示各地。

3 朱元璋和他的臣子

《汉书》中有一句从韩信嘴里说出来的话:“狡兔死,良狗烹。”说的是汉高祖刘邦在建立汉朝之后剪除异姓诸侯王、大杀功臣的事,给汉高祖刘邦勾画出一副忘恩负义、疑神疑鬼的嘴脸。朱元璋与刘邦相比,有过之而无不及。他在开国功臣并无反叛迹象时,精心策划了一场又一场大屠杀,而且,为了显示杀戮的正确,还给被杀的人一概扣上“胡党”“蓝党”的帽子。

然而无论如何,朱元璋帐下确实有一批能人,演绎出不少传奇故事。比如刘基(字伯温),因为他料事如神,而被后人或借题发挥,或凭空杜撰出了许多奇闻轶事。后人喜欢将这位助朱元璋灭元建明的刘伯温与帮助刘备“三分定天下”的诸葛亮、兴汉四百余年的张良相提并论,其中尤以诸葛亮与刘伯温的故事最为有趣,从而有了“三分天下诸葛亮,一统江山刘伯温”的说法。

诸葛亮
我助刘皇叔复兴汉室，奠定了三分天下的格局。
刘伯温
大明朝江山的统一和巩固，与我的料事如神分不开。

神机妙算的刘伯温

1311年，一个哇哇啼哭的小孩降生到了这个世界上，他就是被后人称作“渡江策士无双，开国文臣第一”的刘伯温。

小伯温渐渐长大了。由于家境还算殷实，他有机会获得良好的教育，二十三岁时便中了元朝的进士。但由于一直没受到朝廷的重用，刘伯温愤而辞官返乡。

1360年，经过朱元璋多番邀请，刘伯温终于答应为朱元璋效力。

刘伯温生逢乱世，又遇到明主，有了大显身手的机会。朱元璋几次大的军事行动，都是由刘伯温参与策划的。他成了朱元璋的得力助手兼军师，两人的关系非常亲密。朱元璋每次召见刘伯温，都是屏退左右，秘密交谈，而且一谈就是一两个时辰，除了大将军徐达，没人知道他们谈话的内容。

然而出乎所有人意料的是，明朝建立后，朱元璋第一批封赏的三十七个公侯中，居然没有刘伯温的名字。一直到二十多天后，朱元璋才补封了几位三等伯，刘伯温名列最后。

刘伯温深知“伴君如伴虎”的道理，时时刻刻都像是行走在刀锋上，小心翼翼。

有一年春天，朱元璋带群臣到应天府外的长江边游玩。朱元璋诗兴大发，脱口吟出一句："燕子矶兮一秤砣。"但就这么一句，无论如何也接不下去了。随行的沙场名将发出一阵哄笑，徐达更是直截了当地说："狗屁不通，狗屁不通！"

朱元璋十分尴尬，一张脸憋得通红。这时，刘伯温走上前说："把燕子矶比作秤砣，其实这是挺好的一句诗，听我续下去。"他清了清嗓子，大声吟道：

燕子矶兮一秤砣，
长虹做杆又如何。
天边弯月是挂钩，
称我江山有几多。

历史微课

李善长（1314—1390）明朝建立后，在朱元璋所封的公侯里面，排在第一个的是李善长。李善长称得上明朝开国第一文臣。他少年时就爱读书，有智谋，后投靠朱元璋，为之出谋划策，跟随其征战，出生入死，功劳颇多，比肩汉代丞相萧何。洪武初年，他被任命为左丞相，封韩国公，可谓位极人臣。后李善长因胡惟庸案被牵连处死。

大家听了，连声称赞说："好诗，好大的气势，燕子矶做秤砣，长虹做杆，弯月为钩，来称我江山，气度不凡，刘伯温真是能点石成金啊！"谈笑之际，朱元璋眼睛里闪过一丝诡秘的杀机。

诸臣的哄笑尚在其次，问题是刘伯温那一句

“称我江山有几多”，把江山称作他自己的，让朱元璋感受到了威胁，于是决心要把刘伯温等功臣除之而后快。民间传说后来朱元璋设计，声称修盖庆功楼为大臣们庆功，暗中却埋下炸药，许多功臣在“轰隆”一声巨响中命归西天。

朱元璋没有想到的是，刘伯温并没有葬身在那声巨响中，而是成了漏网之鱼。这位向来料事如神的军师，在他吟完诗的那一刻就后悔了。朱元璋的庆功楼刚破土动工，他就料到这是个兔死狗烹的圈套。那日的庆功宴刘伯温也参加了，但他只是进去打了个招呼就悄悄离开了。等朱元璋得到消息，刘伯温早已脱去官服，换上道袍，迅速逃离应天府，四处云游去了。

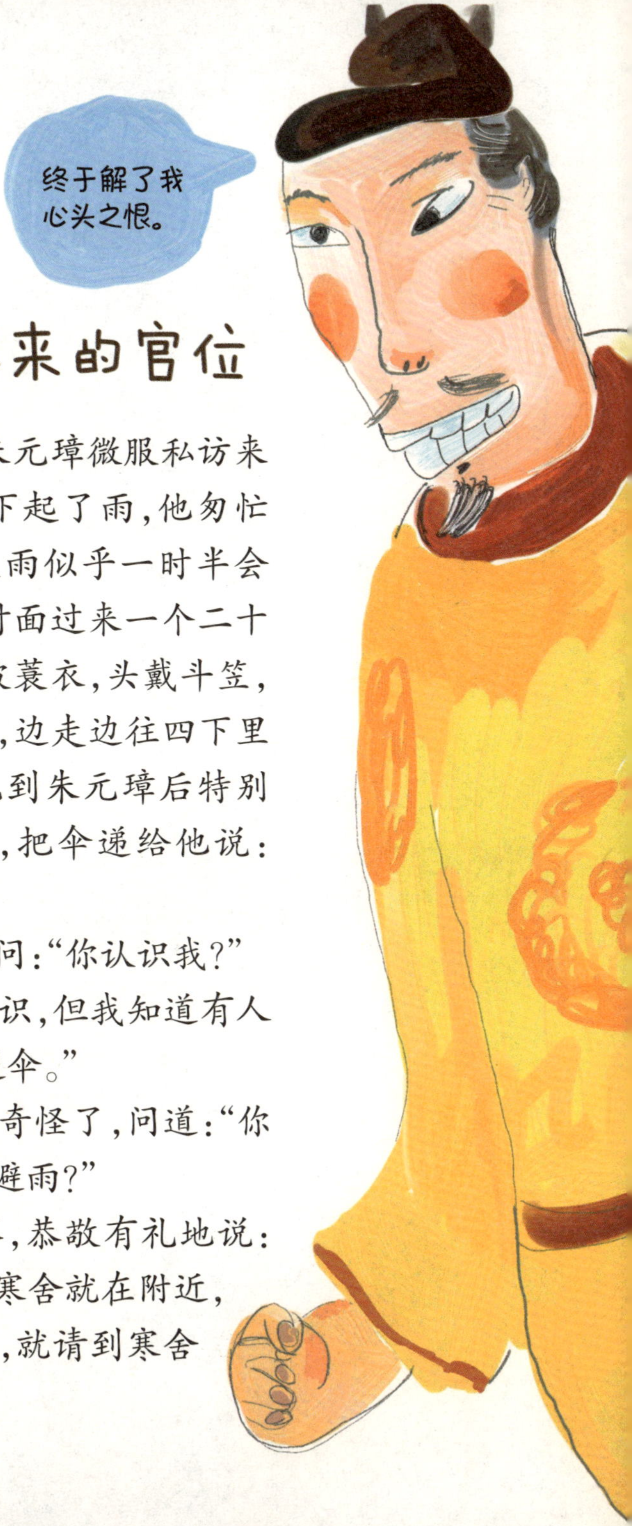

管半年饭换来的官位

传说，有一次朱元璋微服私访来到山东，路上忽然下起了雨，他匆忙躲到一棵树下。大雨似乎一时半会儿停不下来，忽见对面过来一个二十多岁的青年，他身披蓑衣，头戴斗笠，手中还撑着一把伞，边走边往四下里看，似乎在找人，见到朱元璋后特别高兴，跑到他面前，把伞递给他说："老先生，您请用。"

朱元璋好奇地问："你认识我？"

青年说："不认识，但我知道有人在这里避雨，特来送伞。"

朱元璋更觉得奇怪了，问道："你怎么知道我在这里避雨？"

青年笑而不答，恭敬有礼地说："在下姓彭名有信，寒舍就在附近，如若老先生不嫌弃，就请到寒舍换件衣服吧。"

朱元璋见他不肯说，也就不再问，跟他一路走去。果然行不多远，就望见一处茅屋，虽然简陋，但不失为避风挡雨的好去处。在雨中站久了的朱元璋，一进屋便感到无比温暖舒适。

彭有信拿出一套衣服给朱元璋换上，竟出奇地合身，仿佛专门为朱元璋定做的一样。彭有信脸上也略显惊奇，但并没有多说什么，随即忙着劈柴做饭。朱元璋劳累了一天，早已疲倦不堪，吃饱穿暖后倒头便睡。

第二天清晨，天空放晴。朱元璋醒来后神清气爽，望见天边一道彩虹横跨天际，不由得随口吟出两句诗："谁把青红线两条，和风甘雨系天腰。"经过

几年的学习，朱元璋的作诗水平大有进步，可惜才气不足，吟出这两句，就不知该如何接下去了。

彭有信在一旁轻声说道：“老先生，我有两句诗，不知道能不能接上？”

朱元璋道：“只管说。”

彭有信道：“谁把青红线两条，和风甘雨系天腰。只因玉皇銮舆出，万里长空架彩桥。”

朱元璋听了惊愕万分，因为这两句诗不但接得好，而且暗示了他皇帝的身份。朱元璋不禁脱口而出：“你怎么知道？”

彭有信却一脸茫然：“知道什么呀？”

朱元璋心中稍安，认为彭有信不过就诗论诗，没有别的意思，对他更有好感了。回到宫中后，他立即派人找到彭有信，单独召见了他。当彭有信得知眼前的这位老先生居然是当今天子时，大感意外，便慌忙道出了一件事。

原来，这彭有信虽然是个读书人，但脑筋太死，不会做八股文，考了几年科举却连个秀才也没考上。

一天，村里来了个道士，说是谁能管他半年饭，就把一个官位送给他。乡民都以为他是个疯子，半顿饭也不给他吃。彭有信看他可怜，就答应管他半

年饭，但对于送官位之事半点也没放在心上。

半年之后，道士准备走了，临走前送给彭有信一个锦囊和一套衣服，嘱咐他到某年某日打开锦囊，里面有他如何得官的办法，那套衣服将来是用来换官服的，也要务必保存好。彭有信将信将疑地将道士所赠之物保存下来，到了那天打开一看，上面写着某年某日某刻准备好蓑衣、斗笠、雨伞，去某地找一个人……

后面的事就是朱元璋所遇到的了。朱元璋猜到那道士定是刘伯温，想到自己的一举一动都在刘伯温的意料之中，不禁更生感慨，当即封彭有信为山东布政使。

朱元璋在天下未定时就把刘伯温比作汉高祖刘邦的谋臣张良，建立明朝后又封刘伯温为伯爵，将

历史微课

八股文 明清时期，政府规定，科举考试的文章只能由八个部分组成，所以叫八股文；而且还规定，文章题目只能取自“四书”“五经”中的文句，按八股方式作文，不能自由发挥。历来人们对于八股取士的争议不断，认为它在选任人才及引导考试标准化方面有一定的积极作用，但也严重钳制了人们的思想。

他比作三国时期的诸葛亮。可见在朱元璋的心目中，刘伯温的地位是很重要的。洪武末年，朱元璋年岁已高，常常记起当年与自己一起出生入死的功臣宿将们，反思自己的所作所为，觉得愧疚难安。他下令全国各地重修孔明（诸葛亮）庙，大概也是寄托了自己对刘伯温的思念吧。

徐达之死

明太祖朱元璋一直对帮助自己打天下的诸多功臣抱有强烈的戒心，其中包括明朝开国第一功臣、魏国公徐达。

一天，朱元璋召来徐达下棋，要求徐达亮出真实水平来对弈，徐达只得硬着头皮下棋。这盘棋下得十分艰难，从早晨一直下到中午仍未分出胜负，正当朱元璋连吃徐达两子得意扬扬时，徐达却不再落子了。

朱元璋问道："将军为何迟疑不前？"

徐达忽然"扑通"一声跪倒在地，答道："臣不敢再下，请皇上细看棋局。"

朱元璋定睛一看，这才发现棋盘上的棋子已经被徐达摆成了"万岁"二字。朱元璋不觉哈哈大笑，下令把下棋所在的楼连同莫愁湖花园一起赐给了徐达，那座楼便是后来的胜棋楼。

然而，徐达却开心不起来，因为皇帝对他的猜忌似乎愈加强烈了。

一天，明朝的另一位开国功臣常遇春在出征之前来看望徐达。老朋友相见，回想起往昔的戎马生涯，十分开心，然后再想想现在的生活，虽贵为当朝丞相，却如履薄冰，战战兢兢，不禁感慨万分。一番轻轻的叹息后，徐达唱起了歌谣：

好一朵茉莉花，好一朵茉莉花，满园花草也香不过它，奴有心采一朵戴，又怕来年不发芽；

好一朵金银花，好一朵金银花，金银花开好比钩儿芽，奴有心采一朵戴，看花的人儿要将奴骂；

好一朵玫瑰花，好一朵玫瑰花，玫瑰花开碗呀碗口大，奴有心采一朵戴，又怕刺儿把手扎。

这首歌谣的歌词是徐达根据莫愁湖畔的三种花（茉莉花、金银花和玫瑰花）编写的。茉莉根据谐音读“没利”，是说要看轻名利；金银花指金银财宝，金银花上带着钩，意指如果想得到金银财宝，就得付出代价；而玫瑰象征富贵，玫瑰带刺，意思是说想拥有富贵，必然会遭受惩罚。

名、利、权表面看来都是好东西，“奴有心采”，却会受到看花人骂。这里的“看花人”就是皇帝朱元璋，“奴”就是徐达。不久，这首歌谣在大明帝国的首都南京得到了广泛的传唱……

虽然功臣庙中徐达位居第一，但是相传他死得很悲惨。传说朱元璋怕徐达威胁朝廷，赐他一大碗烧鹅吃。徐达因为对烧鹅过敏，所以平日不吃烧鹅，但皇帝所赐，又不能不吃，结果在涕泪交流之下，把朱元璋所赐的烧鹅全数吃完，之后全身溃烂而死。另一种说法是徐达生疮，不能吃鹅肉，朱元璋偏赐他烧鹅。徐达知道朱元璋的意思，便把朱元璋所赐的烧鹅全数吃完而死。也有人说他吃完烧鹅没有死，而是服毒自尽了。

历史微课

徐达、常遇春 徐达(1332—1385)和常遇春(1330—1369)二人均为明朝开国功勋将领。徐达文韬武略，常遇春勇冠全军。在朱元璋消灭陈友谅、张士诚和推翻元朝的战争中，经常是徐达担任统兵大将军，常遇春担任副将军。明朝建立后，朱元璋封徐达为魏国公，常遇春为鄂国公。

儿时朋友今日臣

一天，一个乡下人来到京城皇宫门前，说要见旧时的朋友、当今的皇上。朱元璋听说以前的老朋友来了，非常高兴，马上传他进殿。谁知这位老朋友一见朱元璋端坐在宝座上，容颜似乎没有多大变化，便忘乎所以地说：“吾皇万岁！从前我们一起放牛，有一天我们把偷来的豆子放在瓦罐里煮。因为太饿了，还没等煮熟，大家就抢着吃，结果罐子被打破了，豆子撒了一地，汤也都泼在泥地上。你只顾满地抓豆子吃，不小心把红草叶子也吞了，叶子梗太硬，卡在喉咙里，你痛苦得直嚷嚷，还是我出的主意，叫你把青菜叶子吞下去，才把红草叶子梗带下了肚……”

朱元璋听了顿时面红耳赤，没等来人把话说完，就大怒道：“真是满口胡言！推出去斩了！”

这件事让朱元璋小时候的另一个玩伴知道了，他心生一计，信心满满地去见朱元璋。

这个穷朋友来到京城，进入皇宫面见皇帝，行过大礼后，便说：“不知陛下是否记得，当年微臣随驾扫荡泸州府，打破罐州城，汤元帅在逃，拿住了豆将军，红孩儿当关，多亏了菜将军。”

朱元璋一听，不禁哑然失笑，他认出了眼前的这人是他孩提时的朋友，心中赞叹此人巧妙地暗示他们小时候在一起玩耍的事，于是让他留在了自己身边，并封他为御林军总管。

4. “永乐盛世”的到来

永乐大帝，也就是明成祖朱棣，是中国历史上一位十分重要的人物。他征漠北，平安南，通西洋，修大典，建北京，缔造了一个“永乐盛世”。

尤其值得一提的是永乐大帝命人编纂了《永乐大典》。这是一套百科全书式的典籍，内容包括先秦以来几乎所有的经典书籍，客观上使那些古籍留下了一次全套的备份，使得很多书不至于失传。

永乐大帝营建北京城也成为一段佳话。1421年，永乐大帝正式将明朝的首都迁到了北京。从那时起，北京就一直是中国的政治中心。

永乐大帝的另一面却是杀人如麻、冷酷无情，特别是他残杀明惠帝朱允炆(wén)的遗臣时极尽酷刑之能事，也是历史上罕见的。可以说，他是集伟大崇高与卑鄙阴险、善良与邪恶、才智与权谋于一身的帝王。

永乐盛世
建北京
永樂大典
用酷刑
通西洋

发动“靖难之役”

明太祖朱元璋因为出身贫困卑微，做了皇帝后，十分害怕开国功臣们权大势威，尾大不掉，于是企图用皇室血亲来维护皇权。他共有二十六个儿子，将长子立为太子，其余的儿子都封王，没想到恰恰事与愿违。

朱标作为长子，早就被立为太子，皇位本来应由朱标继承。可惜他英年早逝，于是他的儿子，也就是朱元璋的长孙朱允炆被改立为皇位继承人。

1398年，朱元璋病逝，长孙朱允炆即位，他就是明惠帝，定年号为建文，以第二年为建文元年。此时惠帝已是一个风华正茂的青年了，温文尔雅又带些书卷气，却缺少祖父与父辈们的雄才伟略。

那些被分封在内地和边疆的藩王们，个个拥兵自重，根本不把这个年轻的皇帝放在眼里。朱允炆时时感受到来自各地藩王的威胁和压力，不得不与亲信大臣商量如何夺取藩王的权力。藩王们得知

此事后，自然不会坐以待毙。在这些藩王中，势力最大的要数燕王朱棣，他援引“祖训”，即如果遇到奸臣擅权，藩王可以发兵声讨。于是，朱棣以“清君侧”为借口，首先发难。

1399年，也就是建文元年，朱棣在他的封地北平（今北京）起兵南下，发动了历史上有名的“靖难之役”。朱棣的借口是“清君侧”，以声讨朱允炆身边的亲信大臣为幌子，目的就是取明惠帝而代之。

1402年，燕王朱棣攻下当时的首都南京。然而，明惠帝却下落不明，有人说他逃亡了，有人说他被烧死了，真相究竟如何，众说纷纭，明惠帝生死之谜也因此成为明朝的一大悬案。

燕王朱棣宣称明惠帝已经死亡，他在装模作样地拒绝了大臣们的多次“劝进”之后，终于登上了梦寐以求的皇帝宝座。

登基后的朱棣嗜杀成性，他的残酷从大文人方孝孺被灭十族一事可窥见一斑。朱棣攻下南京后，几乎所有的文武大臣为保全性命都归顺了，唯独有个人非但不归顺，而且为明惠帝朱允炆披麻戴孝，号啕大哭……此人便是声名显赫的大文人方孝孺。

朱棣登基之后，故意命人让方孝孺替他写即位诏书。方孝孺并没有拒绝，当即写下了“燕贼篡位”四个字。

朱棣看后勃然大怒，问他：“你这样做太不识抬举，难道你不怕死吗？”

方孝孺不屑地回答道：“我早有心理准备，不过一死而已！”

朱棣冷笑道：“一死？你不怕我诛你九族？”

方孝孺说：“就算杀我十族，也奈何不了我！”

朱棣立即说：“那我就杀你十族！”

就这样，方孝孺的族人再加门生和朋友等八百七十三人被杀。据说，当时每杀完一个人，就让方孝孺亲眼看一下，真的是残忍至极。

历史微课

建文改制 建文帝登基之后，为了全面解决太祖时期留下来的严刑峻法、苛捐杂税、藩王拥兵等问题，在方孝孺、齐泰、黄子澄等人的帮助下，对官制、刑罚、赋税、藩王等方面进行了全面的改革。建文帝在位四年，推出了不少有利于国计民生的政策。如果他没有受到政治威胁，能独揽大权，那么极有可能成为一代明君，可惜历史没有如果。

营造北京城

朱棣在群臣的拥戴下登上皇帝宝座，改年号为永乐。他就是明成祖，又称永乐皇帝。朱棣一生建有许多功勋，其中广为后人所称道的，一是重修长城——我们现在看到的万里长城其实是明长城；二是营造包括紫禁城在内的北京城，紫禁城也就是现在的北京故宫。

朱棣登基时，明朝的首都在六朝古都南京，而此时的北京在大明的版图上，还只是一个人烟稀少的地方，叫北平。燕王朱棣二十一岁时就藩于北平，在当上皇帝之前，他在北平待了二十多年，对这个地方充满感情。当时，蒙古人虽然已经被赶到了漠北，但还具有相当强的军事实力，不断骚扰明朝的北部边境，因此北平并不安宁，它是作为一个军事重镇而存在的。朱棣在北平期间，历经磨炼，迅速成长为一位出色的军事统帅，北平也成为北方最强大的藩镇。对朱棣而言，北平是他的"龙兴之地"，是他立业的根本。

1403年，刚刚即位五个月的朱棣下诏，升北平为北京。1406年，朱棣下诏营建北京城和宫殿——紫禁城。

北京城是在元大都的基础上，参照南京城池宫殿的规制营建的。这项工程十分浩大。朱棣在建城伊始就下旨广召天下能工巧匠，陆续征调了二三十万农民和部分士兵做壮丁。另外，仅木料和石料的采集工作就用去了十年时间。

明代建筑以木结构为主，紫禁城也不例外，因此所需木材的数量非常庞大。朱棣命大臣从四川、湖广、江西、浙江、山西等地采集木材，依靠天然的河流和疏浚好的运河，把木材运输到北京。

开采石料的工作，同样也很艰辛。石料都是在北京附近的房山等地开采的，但石料的体积都非常巨大，运输起来非常麻烦，只好利用冰道和滚木。据说，为了在冬天修造冰道，每隔五百米就要挖掘深井一口，以方便取水制冰。

整个北京城的营造，从筹备到完工整整用了十四年时间。最终，一座中国建筑史上独一无二的经典之作——紫禁城，诞生在明王朝的“永乐盛世”里，它是中国

现存最大、最完整的宫殿建筑群，是全人类共同的历史文化遗产。

北京主要分为内城、皇城和紫禁城。内城就是北京城，设有中央行政机构、王府、官宅、仓库和民居。皇城则是太庙、社稷坛、内务部门的所在地。紫禁城就是宫城，又称大内，是全城的中心。紫禁城前半部分是皇帝坐朝和举行大典的地方，后半部分是皇帝和后妃居住的地方。整个紫禁城由大小几十个院落组成，有近一万间房屋，周围有十多米高的城墙和五十多米宽的护城河，布局严谨，楼宇壮观。一条八千米长的中轴线纵贯北京城南北，内城、皇城和宫城都以这条中轴线为中心，对称展开，而紫禁城的主要建筑都坐落在中轴线上，这种布局体现了皇帝至高无上的威严。

在北京城的营造过程中，朱棣曾两次以北京为根据地，跨过长城御驾亲征，击败了多年来威胁北京的蒙古部落。北京作为军事中心的重要意义再一次得到凸显。

1421年，朱棣正式下诏迁都北京。紫禁城中鼓

乐齐鸣，永乐皇帝身着龙袍，接受百官朝拜。从此，北京成为明朝的首都，逐渐发展为全国的政治、经济、军事、文化中心。

然而，朱棣迁都北京的第一年，一场意想不到的灾祸降临了。一天，天气骤变，雷鸣电闪，紫禁城内三座大殿同时被雷火击中，曾经辉煌如梦境一般的紫禁城中央地带，被大火烧成了一片焦黑的废墟。这场“天火”对朱棣打击很大。

三年后，即1424年，朱棣致力于消除边患，第五次北征蒙古，但是他的健康每况愈下，戎马一生的他居然从马上摔了下来，终于在北征蒙古的途中走到了生命的尽头。

紫禁城的重修工作一直拖延到十多年后，才由明英宗朱祁镇完成。后来，紫禁城又经过多次重修与改建，但都保持着初建时的原有规模。

历史微课

紫禁城三大殿 指太和殿、中和殿、保和殿。其中，太和殿俗称金銮殿，是中国现存最大的木结构殿宇，是明、清皇帝举办登基、大婚、册立皇后、命将出征、重大节日庆祝等重大典礼时的场所；中和殿是皇帝去太和殿举行大典之前，休息并接受朝拜的地方；保和殿是皇帝大典前更衣的地方，册立皇后、太子时，皇帝也在此殿接受朝贺。

流失的《永乐大典》

中国国家图书馆，每天都有成千上万名读者出入。然而，许多人并不知道，这里有个颇为神秘的地下宝库。宝库里存放着国家图书馆最为珍贵的馆藏，它就是举世闻名的《永乐大典》——中国古代最杰出、规模最大的百科全书。

对于百科全书，我们并不会感到陌生。1772年，法国大学者狄德罗编纂了举世闻名的35卷本《百科全书，科学、艺术和工艺详解词典》，这部书被认为是近代第一部百科全书，由此激发了欧洲各国编撰百科全书的热潮，其中最为著名也最为成功的就是《大英百科全书》。

1403年，也就是永乐元年，明成祖朱棣下令编纂《永乐大典》。翰

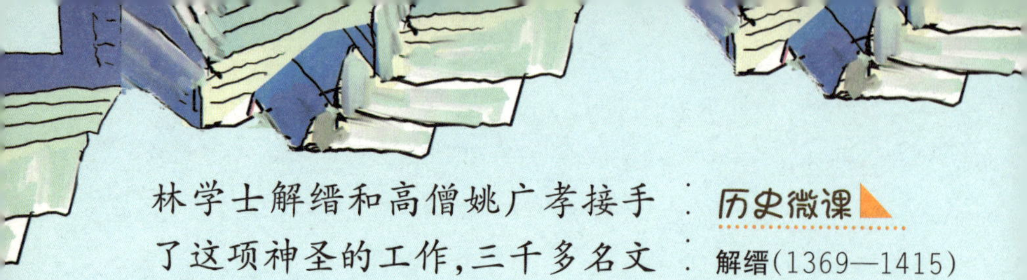

林学士解缙和高僧姚广孝接手了这项神圣的工作，三千多名文臣在他们的带领下不辞辛劳、夜以继日地工作，历时四年终于完成。

《永乐大典》有正文22877卷，凡例和目录60卷，装成11095册，约3.7亿字。大典内容包罗万象，保存了我国14世纪以前的文学、艺术、历史、地理、哲学、宗教和应用科学等方面的丰富资料。

然而，由于历史上的诸多原因，《永乐大典》这套巨著已散落世界各地。

就全世界范围来看，我们所知所见的《永乐大典》仅800余卷，400册左右。换句话说，有一万多册的《永乐大典》至今仍下落不明。它们究竟是怎么遗失的，又遗失在了哪里，至今还是一个未解之谜。

历史微课

解缙(1369—1415)从小聪明绝伦，被称为“神童”。他十九岁时参加江西乡试，名列榜首(解元)，二十岁时中进士。明成祖朱棣登基后，解缙与黄淮、杨士奇等人成为首批内阁成员，又主持编纂《永乐大典》，深受朱棣重视。

一生只册立过一位皇后

自古帝王也有家，然而他们的家庭不同于寻常人家。他们虽然没有寻常百姓家柴米油盐的烦恼，却也少了人间的那几分温情。可以说，帝王很少有正常的家庭生活，权力斗争的背后往往隐藏着血腥杀戮。当然，帝王中也不乏重情重义的人物，朱棣也算是其中的一个。

朱棣在做藩王时，朱元璋便为他册封了王妃，那便是开国功臣徐达的长女。徐氏自幼聪慧娴静，好读书。朱元璋听说她贤淑，便对徐达说：“朕与你是布衣之交，古来君臣交好的，都会互结婚姻。你有爱女，朕的儿子朱棣正好可以与她相配。”就这样，徐氏被册封为朱棣的王妃。

这位王妃果然了得，朱棣在“靖难之役”中就得力于她的帮助。当时，朱棣带兵攻打大宁，明

我能登上帝
位,有你的
半功劳啊!

惠帝手下的大将军李景隆乘机围攻北平，北平形势十分危急。这时，多亏王妃徐氏出谋划策，甚至组织了将校士兵的妻子们参战，组成一支女兵，披甲上阵，一直坚守到朱棣班师回北平。

朱棣登基后，立即册封徐妃为皇后。徐皇后经常规劝朱棣要对新旧官员一视同仁，要与民休息。在靖难之役中，徐氏的弟弟徐增寿因为给燕王送情报，最后被惠帝所杀。夺取天下后，朱棣要为他追加爵位，徐皇后不赞成。后来，朱棣还是将徐增寿追封为定国公，爵位世代相承，徐皇后却没有向朱棣道谢，说这并不是她的意愿。平日里，徐皇后还常常将朝中大臣的夫人们宣召进宫，告诉她们要做一名贤内助，要劝丈夫时刻以民生为先。

1407年，徐皇后因病辞世了，临终前还不忘规劝朱棣爱惜百姓，不要宠爱外戚，要广求天下贤才，礼遇宗室。对于徐皇后的辞世，朱棣万分难过，追封她为“仁孝皇后”，为她举行了大斋，满朝文武都来祭奠。后来，朱棣为自己选址，在北京天寿山营建了陵墓——长陵，首先就将徐皇后安葬在此。徐皇后逝世后，朱棣再也没有册封过皇后。

5 光荣与梦想：郑和七下西洋

六百多年前的1405年，郑和率领一支浩浩荡荡的明朝皇家船队，从苏州刘家港（今江苏太仓）驶入海洋。世界历史上不可思议的伟大远航——郑和七下西洋，自此启航了。

1405年，世界上没有哪个国家可与大明帝国一争高下。经过三十多年的努力，明朝经济繁荣，皇权强大，国力昌盛。永乐皇帝朱棣登基后，扩张的时代便开始了。向北，永乐皇帝五次御驾亲征蒙古部落，将中国北疆扩展到克鲁伦河与黑龙江流域；向南，帝国的二十万军队征服了越南的胡氏王朝。那是一个万象更新的时期，在大明的京城里，甚至可以看到埃及马穆鲁克王朝的贡使。

郑和的船队是一支强大的战略力量。郑和下西洋的使命和功绩概括起来主要有：推行和平外交，加强同亚非各国的联系；开拓海洋事业，铺平亚非航路；牵制蒙古势力，维护国家安全；发展海外贸易，传播中华文明。

小树苗，快快长大吧！
经过了许多年，小树苗长成了森林。它们能用来造船。
1405年，郑和下西洋。
鄭
出去看看外面的世界！

郑和，中国历史上伟大的航海家

郑和，原名叫马和，小名三保，于1371年（一说1375年）出生在云南昆明的一个回族家庭。

郑和的父亲为人刚直，乐善好施，对郑和影响很大。郑和的祖父、父亲都曾去朝拜过伊斯兰教圣地麦加（在今沙特阿拉伯），所以在他们的言谈中，经常会提到海外各国的情况，这使得年少的郑和对外面的世界充满了好奇。明朝统一云南后，郑和被明军俘获，受了宫刑，被带到南京做了宦官，后来又到了北平，服役于燕王府中。

在此期间，郑和学习刻苦，勤劳谨慎，赢得了朱棣的信任，被他选作贴身侍卫。在长达四年之久的靖难之役中，郑和潜在的禀赋和领袖才能逐渐显露，他跟随朱棣南征北战，出生入死，建立了赫赫战功。朱棣登上皇位之后，对跟随自己多年的文武大臣都

给予擢升，这其中也包括身为宦官的郑和。他被升迁至内官监太监，并赐姓“郑”。由于郑和小名叫三保，所以他又被称为“三保太监”。

作为朱棣的随从和亲信，郑和拥有广泛的人脉，这使他有机会开阔眼界、增进见识。朱棣对他十分赏识，常与他推心置腹长谈，这又使得郑和随时可以学到朱棣的处事谋略。长此以往，耳濡目染，郑和的学问大有长进。朱棣在选择下西洋的人选时，马上就想到了郑和，因为论外表和才智，内侍之中没有人可以与郑和匹敌。

1405—1433年，郑和率领明朝皇家船队先后七下西洋，经东南亚、印度洋远航亚非地区，最远到达红海和非洲东海岸，到过亚、非三十多个国家和地区。这七次航行的规模之大、人数之多、航程之远，不仅充分证明了郑和确实有统率千军的才能和智慧，也反映出当时明王朝国力的强大，以及中国人在航海技术方面处于世界前列。

历史微课

郑和打海盗 郑和率领的船队到达旧港(在今印度尼西亚苏门答腊岛)时，突然遭到陈祖义海盗团伙的拦截。陈祖义见郑和的船队船多兵众，就假意向郑和投降，暗地里却准备打劫船队。郑和及时识破了陈祖义的阴谋，指挥将士们把海盗打败，烧毁海盗船只十艘，俘获七艘，还活捉了陈祖义。

明惠帝失踪之谜

在福建泉州海外交通史博物馆，人们可以从很多馆藏珍品中依稀想见当年郑和船队浩浩荡荡的气魄。在波涛汹涌的大海上，两百艘左右的船只，载着两万多名船员穿梭航行。但令人颇感好奇的是，这些船员百分之九十五以上是现役的军人。为什么一支贸易队伍要用军人来做船员呢？

郑和下西洋的目的究竟是什么？他带去了两万多名官兵，而且走了七趟，沿途没有侵犯别国领土，而是与别国共享“太平盛世”。他带领那么多士兵去干什么呢？

学者们对郑和下西洋的目的一直持不同意见。有的说是为了扬国威，向海外彰显明朝的国力，使诸国宾服；有的说是为了发展海外贸易，促进明朝与周边各国的友好往来；还有人说是为了寻找逃亡海外的明惠帝。

前两个原因好解释，第三个原因则有些让人意想不到。

传说南京城破后，明惠帝并没有死，而是逃往了海外。这个消息被一个叫李挺的人得知后，禀报给了朱棣。朱棣就命郑和下西洋之际顺便寻找明惠帝的下落。

朱棣为什么会选择郑和完成这项使命呢？因为郑和的身份比较特殊，他是宦官，又是朱棣的亲信。宦官是中国历史上非常特殊的人群，他们往往最清楚皇帝的家族内幕，所以朱棣会把这样隐秘的任务交给他最信得过的郑和。

但如果说，扩展海外贸易和宣扬国威只是

幌子，寻找明惠帝才是郑和下西洋的真正目的，就有些牵强了。毕竟，在航海技术并不发达的时代，让两万多人冒着生命危险，越过印度洋去寻找一个生死未卜的前皇帝，付出的代价也太大了。

在《罪惟录》一书中有一段惊人记载，说郑和在福州的雪峰寺碰到过明惠帝，明惠帝要郑和帮助他夺回皇权。郑和哭着说他不能这样做，跪别了明惠帝。

历史发展至今，很多事已经湮没，郑和下西洋时是否真的与明惠帝谋面过，就不得而知了。

6 阴影下的“眼睛”——明朝的特务机构

为了巩固和加强皇权，明朝自开国皇帝朱元璋以来，都设有直属皇帝管辖的监狱、刑侦系统，实行恐怖统治，而这种恐怖政治的代言人，就是有名的锦衣卫、东厂、西厂。

《明史》上记载着这么两件事：一位年迈的大臣宋纳朝见朱元璋时，朱元璋问他昨天跟谁生气，宋纳回想自己昨天独自一人生闷气的情形，不由得大惊失色，谎称是因为一家仆不小心打坏了茶具。朱元璋命人把偷画的宋纳面带愠怒独自坐在那里的画像拿给他看，宋纳这才明白，有人受皇帝之命暗中监视自己，赶忙认错。另一位大臣宋濂，一天和几位朋友喝酒叙旧。第二天，朱元璋就问宋濂昨天喝酒没，是跟谁喝的，上了哪些菜，宋濂照实回答了。朱元璋听后，大笑道：“卿不欺朕，诚实啊！”

从这两件事，我们不难看出，明朝的特务是“全天候”的侦探，无孔不入，着实令人感到惊心。

好多眼睛监视着我们。
这日子怎么过呀！

皇帝的私人警察——锦衣卫

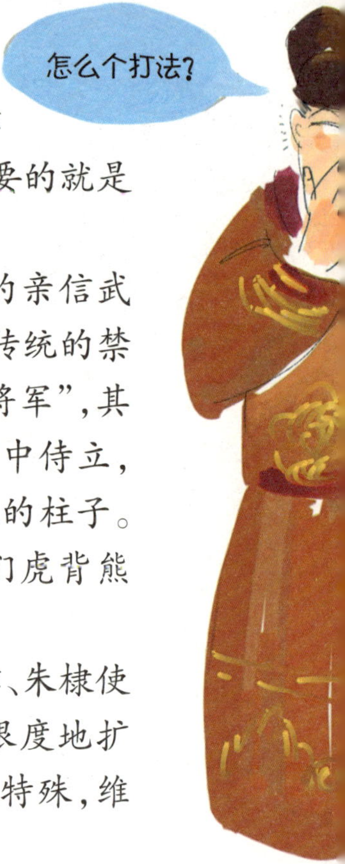

洪武十五年(1382),朱元璋建立了十二个亲军卫,其中最重要的就是锦衣卫。

锦衣卫的首领一般由皇帝的亲信武将担任,称为指挥使。锦衣卫和传统的禁卫军没有两样,这些人虽名为“将军”,其实只负责传递皇帝的命令,在宫中侍立,兼做保卫工作,就像皇宫大殿里的柱子。当然,这些“柱子”可不一般,他们虎背熊腰,人高马大,颇有威严。

明朝初期的两位皇帝朱元璋、朱棣使锦衣卫“巡查兼缉捕”的职能无限度地扩大了,因为这两位皇帝的出身很特殊,维护皇权的欲望也极为强烈。

通常,锦衣卫的工作是处理皇帝交付的案件,收集各种情报,下至平民百姓,上至藩王首辅,都处于他们的监视之

下。然而一旦出现心肠狠、野心大的指挥使掌权，他们就会利用职务之便打击异己，制造事端。如果有谁胆敢拂逆他们的命令而行事，可能就会招致家破人亡。因此，全国各地都笼罩在一片紧张恐怖的氛围之中。

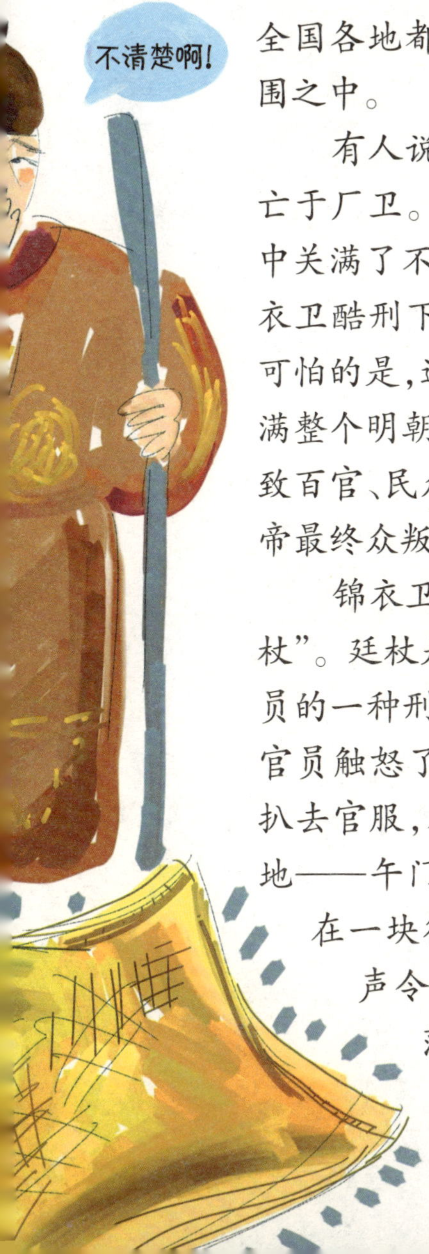

有人说，明朝不是亡于流寇，而是亡于厂卫。臭名昭著的北镇抚司大牢中关满了不同阶层的无辜的人，死于锦衣卫酷刑下的正直人士不计其数。更可怕的是，这种紧张恐怖的气氛几乎充满整个明朝，无节制的滥捕滥杀最终导致百官、民众、军队与皇帝离心离德，皇帝最终众叛亲离。

锦衣卫还有一项职能就是“执掌廷杖”。廷杖是皇帝用来教训不听话的官员的一种刑罚。这种刑罚很残忍，一旦官员触怒了皇帝，被处以廷杖，就会被扒去官服，双手反绑，押送到行刑的场地——午门受刑。受刑的官员被包裹在一块很大的布里，锦衣卫头目一声令下：“打！”棍棒就如雨点般落到受刑者的身上。

然而，这其中又有故事。

因为行刑者是锦衣卫的校尉，他们曾受过专门训练，能够根据锦衣卫指挥使和司礼太监的暗示，掌控受刑者的生死。如果指挥使和司礼太监脚尖向内靠拢，那受刑人就只有死路一条了；相反，如果这两个人两脚呈外八字形展开，则受刑人可保一条活命。

廷杖之刑对士大夫的肉体和心灵都是极大的摧残，可锦衣卫将校对它却情有独钟，明朝的皇帝也乐此不疲。单单杖刑还没完事，打过之后，行刑者还会提起包着受刑人的布块的四角，然后用力摔到地上，布中人就算大难不死，也只剩下半条性命了。

锦衣卫在装扮上有一个共同的特征，就是身穿飞鱼服，佩有绣春刀。

明朝的锦衣卫，是明朝极端专制制度的帮凶，是皇帝借以压制官员和百姓的工具。虽然明朝的皇帝们运用锦衣卫显得得心应手，但同时也使社会活力大大降低了。

历史微课

十二亲军卫 是由开国皇帝朱元璋设立的皇宫侍卫禁军，包括锦衣卫、旗手卫、金吾前卫、金吾后卫、羽林左卫、羽林右卫、府军卫、府军左卫、府军右卫、府军前卫、府军后卫、虎贲左卫。亲军卫后来有所扩充，永乐朝增设十卫，宣德朝又增设四卫，合计为二十六卫，原有的亲军十二卫被称为“上十二卫”。

东厂后来居上

“东厂”这一特务机构，可谓后来者居上。它的始作俑者是明成祖朱棣。朱棣发动靖难之役夺取了侄子的皇位后，一方面，朝廷中的很多大臣对新政权并不十分支持；另一方面，明惠帝朱允炆未死的流言时常出现，朱棣往往处于精神高度紧张之中。

为了巩固政权，朱棣迫切需要一个强有力的机构，他觉得设在宫外的锦衣卫使用起来不是很方便，于是决定建立一个新的机构。在他心目中，这个机构必须设在皇宫内，这样联系起来比较方便，而且必须任用自己信得过的人。由于靖难之役中一些宦官曾做出过重大贡献，他认为宦官比较可靠，所以东厂的首领向来都是宦官。东厂的首领是太监中职位仅低于司礼监掌印太监的第二号太监，被称为东厂掌印太监。

明成祖迁都北京后，就在北京东安门北侧(今东厂胡同)新建了一个由宦官统领的机构，命名为“东厂”。

刚开始，东厂只负责抓人、侦缉，没有审讯犯人的权力，抓住的犯人要交给锦衣卫审理。即便如此，东厂的权力已在锦衣卫之上，凡事可以直接报告皇帝。到了明末，东厂甚至有了自己的监狱。

东厂府衙的布置比较搞笑。厅右的影壁上，刻着狄仁杰断案的故事。厅旁的小厅里，供奉着岳飞的雕像。堂前一座牌坊上，则刻有“百世流芳”的字样。虽然有众多偶像在场，可惜东厂人并不向偶像看齐。他们每天活动于京城的大街小巷，编造罪名，诬陷好人，施加酷刑，从中敲诈勒索，获取利益。

为什么与锦衣卫相比，东厂会出现后来者居上的局面呢？首先，明朝中后期东厂的缉捕范围急剧扩大，连穷乡僻壤也出现了东厂的人，搞得举国上下民不聊生，人人自危。其次，东厂由宦官统领，东厂厂公与皇帝关系很密切，更容易得到皇帝的信任。

到了宦官权倾一时的年代，锦衣卫头目见到东厂厂公甚至要下跪磕头，锦衣卫和东厂的关系，也逐渐由平级发展成上下级关系。

“临时产品”西厂

明宪宗成化年间，京城出现了一起诡异的“妖狐夜出”案。一个名叫李子龙的妖道，网罗众多宦官，蛊惑人心，图谋不轨。李子龙和他的党徒最终被锦衣卫彻底清除了。然而，因为这件事，明宪宗顿觉国内侦缉力量缺乏。

于是，明宪宗选中身边一个机灵的小宦官汪直，派他去宫外打探消息。汪直抓住这个机会，狐假虎威，到处捕风捉影，收罗了不少“小道消息”报告给明宪宗。明宪宗对汪直的表现甚为满意，鼓励他继续搜集信息。

没过多久，一个新的机构——西厂成立了，首领便是汪直。

成立西厂，本来只是为了替皇帝刺

探消息，但汪直为了升官发财，拼命地制造大案、要案，其办案数量之多、速度之快、牵扯人员之众远远超过了东厂和锦衣卫。同时，短短几个月内，西厂人员又快速扩充，其势力甚至超过了“老前辈”东厂。

西厂的打击对象主要是官员，一旦怀疑某人，就立刻加以逮捕，不必事先经过皇帝同意，往往先斩后奏，屈打成招，把案件搞大。一般的百姓，也往往会因为稍有言行不慎，就被处以重刑。

在这样的情形下，西厂成立不到半年，全国上下就鸡犬不宁，人心惶惶。以大学士商辂(lù)为首的群臣集体上书明宪宗，痛诉西厂的危害及汪直办案的残酷。明宪宗听后大为震惊，于是下令取缔西厂。

到了明武宗(明宪宗的孙子)继位后，太监刘瑾掌权，西厂得到恢复，厂公为太监谷大用。可笑的是，东厂、西厂虽都受刘瑾领导，但它们之间不是相互合作，而是互相拆台，争权夺利。

刘瑾为了改变这种局面，又自行建立了一个内行厂，亲自担任厂公。内行厂的职能就是侦缉，和东厂、西厂一样，但在侦缉范围上却更大。

当时，四大特务机构东厂、西厂、锦衣卫、内行厂并行，天下骚动不安，百姓怨声载道。

五年后，权倾朝野的刘瑾倒台了，明武宗下令撤销西厂和内行厂。西厂作为一个“临时产品”，就这样消失了。

历史微课

商辂(1414—1486) 浙江淳安人。他在科举考试中“三元及第”(同时获得解元、会元、状元)。曾任兵部尚书、户部尚书、吏部尚书等职，官至内阁大学士。商辂为人宽厚，刚正不阿，当时人称“我朝贤佐，商公第一”。

7 中国历史上最大的太监帝国

在我国古代封建王朝中，宦官专权在东汉、唐、明三朝最为严重，他们导演了一幕幕祸国殃民的悲剧。

明朝的历史很特别，它的政治制度尤具特色，总存在着君权、相权、宦权间的相互较量。明太祖朱元璋废除丞相，揽天下权力于一身，开始了独裁统治。然而，朱元璋只是特例，他精力过人，可以全身心投入到国家大事的治理上，他的子孙却不能。于是，这些皇帝开始扶植自己的心腹，培养宦官。

明代太监是宦官中的高级官员，清代开始将宦官通称为太监。明朝臭名昭著的太监有王振、汪直、刘瑾、魏忠贤等。有史学家甚至把明王朝称为“中国历史上最大的太监帝国”。

圣旨到，从今天起废丞相。
旨圣
听朕的话，好好干，公公。
皇上也要听我的。
你看着办吧。
旨圣

把皇上“卖”给敌国的太监

蔚(yù)州(今河北蔚县)地方有个青年，名叫王振，曾在县里当过教官，后来犯罪了，本该充军，他听说皇宫招宦官，就进宫做起了宦官。宫里人都称他为王先生，因为宦官中识字的人不多，而王振却粗通文字。后来，明宣宗挑中王振陪太子朱祁镇读书。朱祁镇由于年龄小贪玩，王振就投其所好，想出各种花样陪他玩，朱祁镇很喜欢他。

不久，明宣宗过世，年仅九岁的太子朱祁镇即位，他就是明英宗。王振也随之鸡犬升天，当上了司礼太监。明英宗因为贪图玩乐，根本不过问国事，王振趁机大权独揽，朝廷上下谁也不敢得罪他，甚至讨好地称他“翁父”。王振的权力之大，可以说是顶破天了。

这个时候，北方蒙古族的瓦剌(là)部强大起来。1449年，瓦剌首领也先派三千名使者到北京，进贡马匹，要求赏金，并且为他的儿子向明朝求婚。王振以也先谎报人数为由，削减了他的赏金，同时拒绝了婚事。也先得知后大怒，率军进攻大同。守卫大同的明军被打得溃不成军。

边境告急，明英宗召集大臣商量对策。王振竭力主张明英宗御驾亲征，因为王振的家乡蔚州距大同不远，如果蔚州被瓦剌军侵占，那么，他在家乡的田产就会遭殃。而朝廷中更多的大臣认为朝廷还没有准备好，不能冒险亲征。明英宗是一个没有主见的人，王振怎么说，他就怎么做，不论其他大臣怎么劝，他仍决定亲征。

不久，明英宗让他的弟弟郕(chéng)王朱祁钰(yù)和兵部侍郎于谦留守北京，自己率领五十万大军和王振等数百位官员从北京出发，奔赴大同。

这次出兵，路上遇到狂风暴雨，粮食又接济不上，兵士们又饿又冷，叫苦连天，军队纪律涣散。到了大同附近，士兵们看到郊外的田野里尸横遍野，更为人心惶惶。

初次遭遇瓦剌军，明军前锋便被杀得片甲不留，各路人马纷纷溃退。这时，王振才意识到情况紧急，下令退兵回朝。退兵讲求神速，王振心中却打着另一个算盘——想到他老家蔚州去摆摆威风，于是劝明英宗到蔚州住几天。几十万将士离开大同，直奔蔚州。但王振又转念一想，如此多的兵马开到蔚州，他家乡田里的庄稼岂不是会遭

殃？于是，他又急忙下令返回。这一来一去就拖延了撤兵时间，被瓦剌军赶上了。

明军一直退到土木堡(今河北怀来东)。土木堡虽名为堡，其实并没有什么工事，无险可守。明军大队人马赶了几天路，口渴得像火烧，但土木堡偏偏没有水源。离土木堡不远有条河，却已经被瓦剌军占领了。兵士们就地挖井，挖了六七米深，也没找到水。那时候，太阳刚刚下山，有人劝明英宗趁天没黑，再赶一程，进了怀来城再休息，到时即便瓦剌军赶来，明军也可以坚守。然而，王振却因为装他家财产的车子还没到，硬是让大军在土木堡停下来。

第二天早晨天刚亮，瓦剌军就追到了土木堡，把明军团团围住。明英宗知道突围已没有可能，只好派人向也先求和。也先探听到明英宗此行带来的明军有五十万之众，不能硬打，于是假装同意议和。

明英宗和王振信以为真，十分高兴，下令士兵可以到附近找水喝。士兵们争先恐后地往河边跑，想制止也制止不了，顿时

历史微课

也先(1407—1454)蒙古瓦剌部首领。蒙古人被明朝打败之后，退回到蒙古高原，分裂为东、西两部分，东部是鞑靼，西部是瓦剌。也先统治瓦剌期间，向东征服女真，向南进攻明朝，俘虏明英宗，瓦剌达到极盛。不久，也先击败鞑靼大汗脱脱不花，成为蒙古大汗。后来，他被暗杀而死。

乱作一团。

就在此时，早已埋伏好的瓦剌军从四面八方包抄过来，操起大刀，大声叫嚣："赶紧投降，投降不杀！"

明军兵士顿时慌作一团，纷纷丢盔弃甲，四处逃散。瓦剌军死死追赶，明军有些被杀，有些被乱兵踩死，死者不计其数。

平时不可一世的王振，这时吓得直哆嗦。他带着一批禁军，几次想突围都没冲出去，结果明英宗被俘。禁军将领樊忠早就恨透了这个奸贼，抡起大铁锤，朝着王振的脑门一锤砸去，结果了他的性命，终于为天下百姓除掉了这个祸国殃民的大奸贼。

这一仗，明朝从征的数百名官员几乎全部战死，将士死伤几十万。瓦剌军缴获了明军的二十万匹骡子和所有衣甲器械，押着明英宗退兵北去。这就是明朝历史上著名的"土木之变"。

一个“坐皇帝”，一个“立皇帝”

土木之变后，明朝开始走下坡路，宦官专政的局面越来越严重。明英宗以后的几代皇帝，大多是昏庸腐败之辈。他们非但没有吸取王振误国的教训，反而更加重用宦官。明宪宗朱见深（明英宗的儿子）在位的时候，宦官汪直专权，加强特务统治，设立西厂，残害了不少好人。

1505年，明武宗朱厚照即位。随侍太监中有八个太监深受宠信，号称“八虎”，为首的叫刘瑾。他们经常陪伴明武宗放鹰猎兔、打球骑马，并依仗皇帝的宠信，在外面胡作非为，弄得民怨沸腾。

朝中大臣向明武宗进谏，请求明武宗铲除“八虎”。刘瑾得知后，在明武宗面前哭诉不止。结果，明武宗不但没有接受进谏，反而提升刘瑾做了司礼太监，他的两个同党分别担任东厂、西厂厂公。

大权独揽的刘瑾，不久就诬陷一大批正直的大臣是“奸党”，成功地把他们从朝廷排挤出去。而明武宗则每天寻欢作乐，把大小事情都交由刘瑾办理。

由于不通文墨，刘瑾把大臣的奏章全带回家里，让他的亲戚、同党处理。王公大臣们都明白，送给皇上的奏章皇上看不到，所以干脆奏事时设一个正本、一个副本，先把副本交给刘瑾，再把正本交给皇帝。当时的京城流传着这样一句话：“北京城里有两个皇帝：一个朱皇帝，一个刘皇帝；一个坐皇帝，一个立皇帝。”

不仅如此，刘瑾掌管的西厂、东厂和内行厂，就像他的一双双眼睛，监视着天下人的一举一动，人们稍有不慎，便会招致严刑酷罚。

刘瑾还利用权势接受贿赂，敲诈勒索。地方官员到京城朝见，先得给刘瑾送礼，一次就送两万两银子，免得刘瑾给他们找麻烦。当然，这些钱最终还是让老百姓来承担了。

1510年，安化王朱寘鐇(zhì fán)以反刘瑾为名，起兵发难。明武宗派杨一清为总督、太监张永为监军讨伐朱寘鐇。

杨一清原是陕西一带的军事统帅，他为人正直，不附和刘瑾，曾受刘瑾诬陷迫害，后来由于众大臣营救，才得以释放回乡。这次明武宗为了平定藩王叛乱，重新起用了他，他在训练士兵上有着自己独到的见解。

杨一清到了宁夏，俘虏了朱寘𫔎，平定了叛乱。

然而，杨一清心中早有除掉刘瑾之意。他打听到张永乃“八虎”之一，后来与刘瑾有了矛盾，就打算借张永之手除掉刘瑾。回京的路上，杨一清故意找张永说道：“这次靠您的大力，平定了叛乱，真是大快人心。但是铲除一个藩王不难，难的是铲除内患。”

张永不解地问：“大人说的内患是什么？”

杨一清走到张永身边，用手指在手心上写了一个“瑾”字。

张永一看，很吃惊：“要铲除这个人真是难上加难，他耳目众多，又每天在皇帝身边。”

杨一清却笑着说：“其实此事说难也不难。这次凯旋，皇上必会召见您。趁此机会，您把朱寘𫔎谋反的原因报告皇上，皇上就会杀刘瑾。刘瑾一除，您就可扬名千秋了。”

张永心里有些犹豫害怕，说：“万一不成功，又该如何？”

杨一清说：“此事动手一定要

快，晚了怕泄露天机。如果皇上不信，您可以哭诉，表明忠心，大事必定能成。”

张永早就对刘瑾心怀不满，被杨一清一拨弄，也壮起胆来。

到了北京，张永马上按杨一清的计策，揭发刘瑾谋反。明武宗大吃一惊，立即命张永带禁军捉拿刘瑾。此时，刘瑾正在家里睡大觉，毫无防备，禁军一到，就把他逮个正着，关进了大牢。

历史微课

杨一清（1454—1530）少年时代被称为“神童”，十八岁就考中进士。曾担任陕西巡抚、总制三镇（延绥、宁夏、甘肃）军务，防御边疆，军纪严明。后进入中央朝廷做官，其间平定安化王朱寘鐇谋反，计除刘瑾，官至内阁首辅大学士。杨一清历经成化、弘治、正德、嘉靖四朝，做官五十余年，真正做到了“出将入相，文德武功”。

明武宗派人抄了刘瑾的家，抄出银元宝五百万锭，黄金二十四万锭，玉器珠宝不计其数，关键是还抄出了龙袍玉带。这下，明武宗大怒，当即下令处死刘瑾。作恶多端的刘瑾终于落得个千刀万剐的下场。

行刑之日，许多受害者争着用一文钱买刘瑾的一小片肉，以发泄心头之恨。百姓对刘瑾之恨，由此可见一斑。

从市井小无赖到风光“九千岁”

魏忠贤原来叫魏四，出生于今河北肃宁县西北的潴(zhū)龙河畔。那时候，肃宁地势低洼，十年九涝，年年歉收，穷得人人皆知。只有这肃宁西北是一块宝地，特别适合种梨。这地方产的大鸭梨，汁多、皮薄、个大，从宋朝开始，就一直是贡品。

魏四就生长在这么一个地方，连个正经名字都没有。但他天资聪明，能言善辩，机警狡诈，从小就四处游荡，不务正业，后来又爱好吹拉弹唱、骑马射箭、赌博嫖娼，是个地地道道的地痞流氓。

由于赌博欠了一屁股债，魏四走投无路，只好进宫当了宦官。

整个万历年间，宦官都不大得势，魏四在宫中一干就是三十余年，一直默默无闻。到明光宗驾崩，明熹宗朱由校即位，魏四终于时来运转，开始步步高升，还被赐名“忠贤”。只可惜他既不忠也不贤。短短七年，魏忠贤便位极人臣，操控生杀大权，朝中百官竞相投奔到他门下，民间甚至传言“不知有陛下，只知有忠贤”。

当时魏忠贤出行，所到之地，家家都要焚香跪迎，道路两旁插上杨柳花朵，“士大夫遮道拜伏，至呼九千岁”。他的仪仗队个个鲜衣怒马，华冠如云，浩荡疾驰如闪电，马蹄杂沓如雷鸣，所过之处，烟尘蔽天。如果要远行，那阵势就更大，甚至超越帝王。出行前，京师要戒严几天，繁华闹市空无一人。出行时，魏忠贤坐八抬大轿，后面的亲信坐四抬大轿，再后面便是千名禁军，急趋而行，密集如蚁，边跑边发射响箭，响声不断。夏天有专车运载冰块，冬天有专车运送炭火，一路上乐队高歌猛进，随行演奏。

魏忠贤权力之大，使得无论朝官或地方官员都得对他阿谀奉承。有人把魏忠贤称作“九千岁”，他听了十分欢喜，重赏了那名官员。自此以后，魏忠贤又多了一个称呼“九千岁”。还有个浙江的巡抚，给魏忠贤造了个祠堂。我们知道，一般祠堂都是为纪念死去的人造的，然而魏忠贤明明还活着，就给他造起祠堂来，所以叫“生祠”。这样的事太过奇特，自然有人反对，反对的结果就是被魏忠贤革了职。于是，地

方官员为了讨好魏忠贤，纷纷建起了生祠。

魏忠贤仗着有昏庸的明熹宗撑腰，胡作非为，滥杀忠良之士，为天下人所痛恨。“多行不义必自毙”，明思宗继位后，魏忠贤遭到弹劾，在发配凤阳途中畏罪上吊自杀，结束了他罪大恶极的一生。

历史微课

魏忠贤耳目之多 据《明史》记载，有四人夜里在密室饮酒，其中一个人喝醉了，谩骂魏忠贤，另外三个人吓得不敢出声。那个人还没有骂完，东厂番子就闯了进来，将四人押到魏忠贤的住所。魏忠贤下令，立即将谩骂的人处死，而赏给另外三个人金子。三人得了赏金，却被吓得魂飞魄散，一动也不敢动。

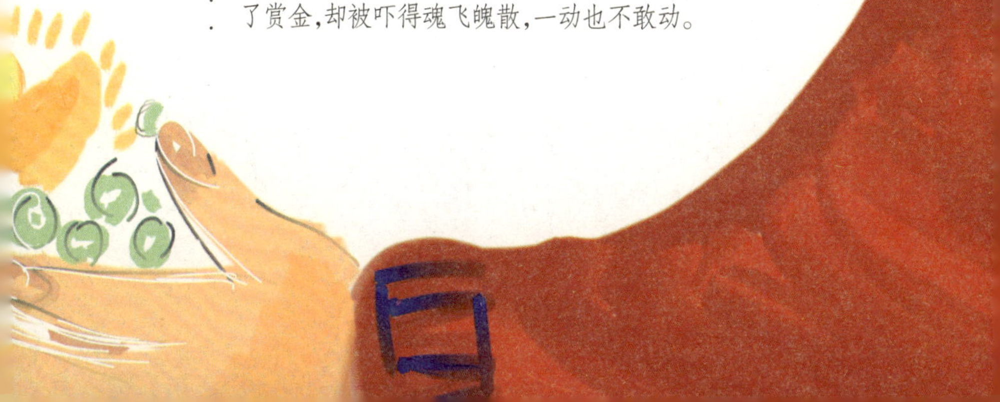

8

“救时宰相”于谦

于谦是钱塘(今浙江杭州)人,他的一生可谓两袖清风,热血千秋,一首千古传诵的咏物诗《石灰吟》真诚地表达了他高洁的志向。别人当官尽显官威,前呼后拥,于谦当官却只有瘦马一匹、便服一套。

1449年,蒙古军南下,土木堡一战,明朝五十万大军全军覆灭,明英宗朱祁镇被俘。消息传到京城,有人主张投降,有人主张南逃。临危之际,于谦挺身而出,他拥立朱祁钰为帝(是为明代宗),痛斥种种投降主义,调集兵马保卫京城。然而明英宗回朝后,非但不思于谦救护抗敌的功劳,反而将于谦打入牢狱,立即斩首。直到明宪宗即位后,为平息民愤,才为于谦平反昭雪。

于谦为官三十余年,清正廉洁,刚直不阿,兴利除弊,保卫国家于危难之中。明初废除了宰相制度,于谦虽无宰相之名,但掌有同宰相一样的实权,因此被后人誉为“救时宰相”。他的忠诚义烈,“与日月争光”。

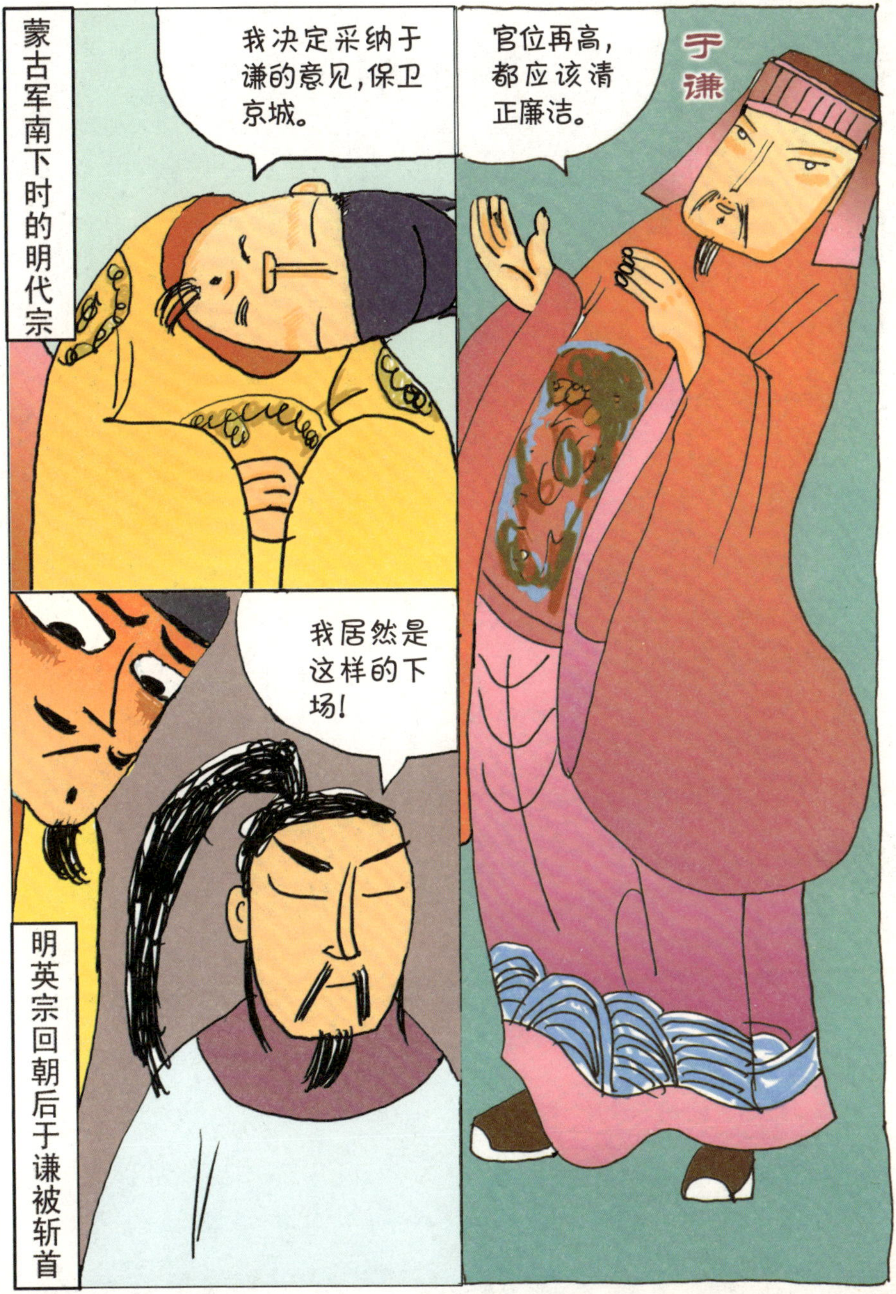
蒙古军南下时的明代宗
我决定采纳于谦的意见，保卫京城。
官位再高，都应该清正廉洁。
于谦
明英宗回朝后于谦被斩首
我居然是这样的下场！

两袖清风

1398年，在杭州清河坊太平里的一户人家，一个男婴诞生了，他就是于谦，后来被称作“于青天”。

于谦一生下来哭声就特别响亮，到满月时，容貌齐整秀美，显得与众不同。邻里一些老人见了后，忍不住赞叹：“这个孩子相貌堂堂，将来必成大器！只可惜我们年事已高，恐怕看不到他将来的荣耀了。”

1403年，六岁的于谦被送到私塾读书。他读书过目不忘，好学聪颖，特别擅长对对联。这一年的清明节，父亲于彦昭和叔父于彦明带着于谦一道去祭拜祖先。路过凤凰台时，于彦明即兴吟道：“今日同上凤凰台。”此时才六岁的小于谦随即在一旁应声答道：“他年独占麒麟阁。”于彦明和众人听了，不仅感到佩服，更觉惊奇，心想：“这孩子日后必

成大器，得好好培养才是。”几年的私塾生活使得于谦熟读“四书”“五经”，时时妙语连珠，人称“神童”。

于谦后来成为明朝的名将，曾任兵部侍郎、巡抚、兵部尚书等要职，立下赫赫战功，政绩卓著。

于谦当官后，非常关心民生疾苦，为人刚正不阿，正直廉洁，受人敬重。他就任河南、山西两省巡抚期间，两省流传着赞颂他的歌谣，说他是“天遣恩官拯二方”，百姓拥戴他如父母。

当时地方官员进京，都要携带重金或土特产，用来“孝敬”当朝权贵。然而，于谦每次进京，却两手空空，从不送礼，也不行贿。有人劝他，即使不送金银珠宝，也应该送些土特产。于谦挥挥双袖，笑说自己带去的是两袖清风。后来，人们称赞为官者品行廉洁时，就会用“两袖清风”这个词。

于谦一生不屈从于任何权势，常常以忠义之士自勉。他曾赋诗《石灰吟》，字里行间透露出不畏艰难、讲求原则的凛然正气：

千锤万凿出深山，
烈火焚烧若等闲。
粉骨碎身全不怕，
要留清白在人间。

这正是于谦一生的写照。明英宗复辟后，将于谦处死。当锦衣卫查抄于谦家时，发现他家根本没有钱，只有仅能避风挡雨的正屋一间，连查抄的官员也为之动容流泪。

于谦死后被葬在

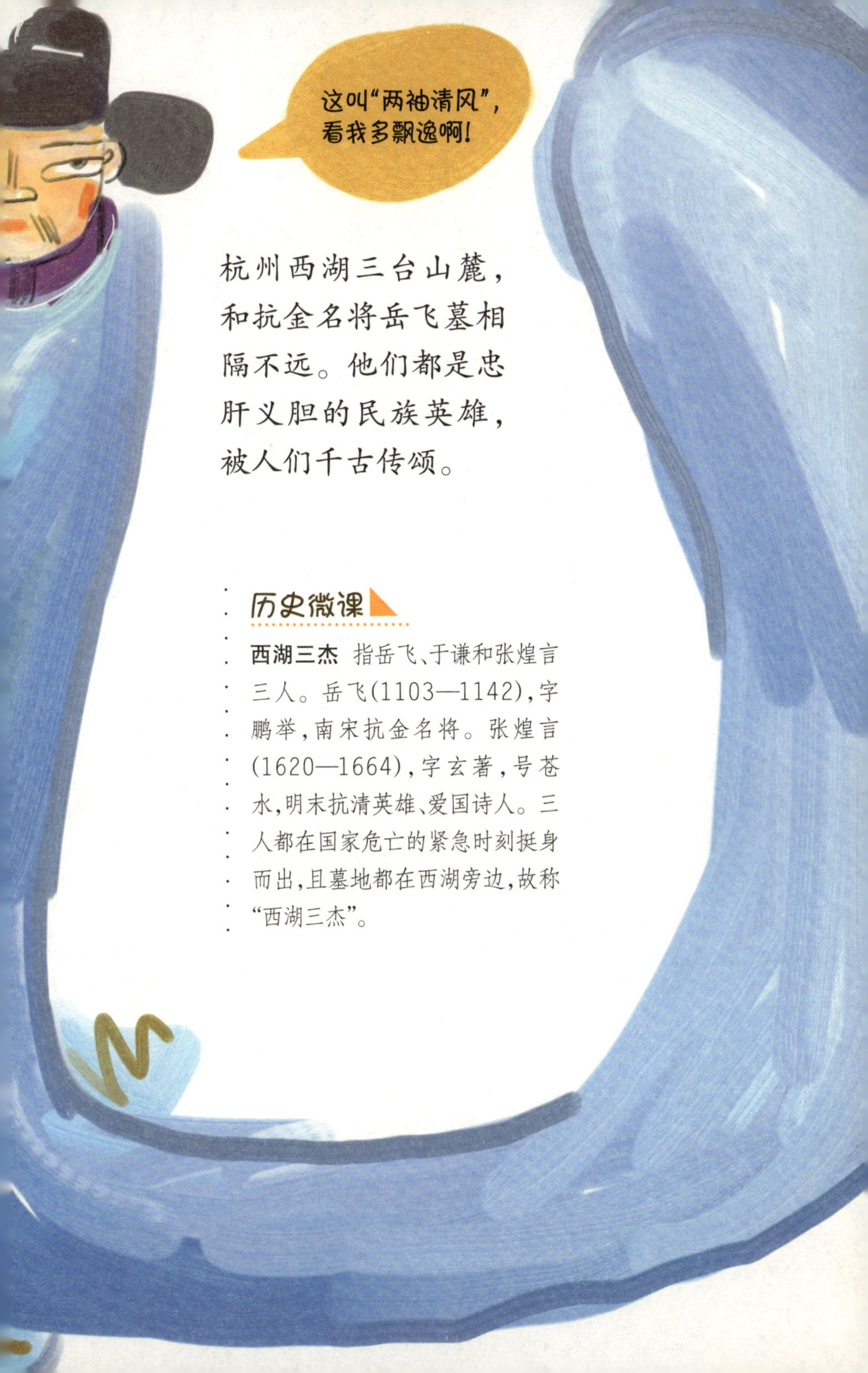

杭州西湖三台山麓，和抗金名将岳飞墓相隔不远。他们都是忠肝义胆的民族英雄，被人们千古传颂。

历史微课

西湖三杰 指岳飞、于谦和张煌言三人。岳飞(1103—1142)，字鹏举，南宋抗金名将。张煌言(1620—1664)，字玄著，号苍水，明末抗清英雄、爱国诗人。三人都在国家危亡的紧急时刻挺身而出，且墓地都在西湖旁边，故称“西湖三杰”。

“土木之变”与“夺门之变”中的于谦

明军在土木堡兵败的消息，特别是明英宗被俘的消息传到了京师，朝廷上下一片恐慌，群臣聚首痛哭，不知如何是好。有人提出避开瓦剌兵的锋芒，迁都南京。

时任兵部侍郎的于谦坚决反对，提出必须固守京师，阐明南迁弊病，人心始定。在国家危亡之际，于谦担当起保卫京师的重任，一面转运通州仓粮入京，一面调兵急赴京师守卫；同时，拥立明英宗的弟弟郕王朱祁钰为帝，就是明代宗。

1449年，也先挟明英宗入紫荆关，率瓦剌军直逼北京城下。于谦调兵遣将，率领将士二十二万人布列在京师九门外，打算先在德胜门外布兵，抵抗瓦剌主力，然后关闭城门，背城一战。瓦剌军先以万骑出击，攻德胜门，结果大败而归，也先的弟弟也中炮而死。瓦剌军转而攻打西直门，也败下阵来，没有得逞。瓦剌军又向彰义门土城进攻，军民奋起反抗，呼声震天动地，瓦刺军又一次被击退。也先几次不得胜，只得挟带明英宗撤营而退，由紫荆关离去。

也先俘获明英宗之初，原以为可以凭他要挟明朝，但没有料到明朝又拥立了明代宗，因而无计可施，于是在1450年把明英宗放回。

明英宗平安归来，这主要得益于于谦等人坚决主张抗击，如果采取屈辱求和的政策，那么明英宗将永远没有返回之日。

然而明英宗归来之后，又出现了新的争夺。明代宗贪恋权位，先是不愿英宗归来，不肯派人迎驾；英宗归来后，代宗又把他安置在南宫（今北京南池子）禁锢起来，并且废除了英宗之子朱见深的皇太子地位，改立自己的儿子朱见济为皇太子。然而不巧的是，朱见济不久病死，代宗膝下无子，却又不愿恢复朱见深的皇太子之位。如此种种，酿成了兄弟之间的怨恨。当时的官员石亨、徐有贞等人，早已不满于谦位高权重，为建功邀赏，他们打算暗中拥护英宗复位。

1457年初，明代宗病危，不能上朝，眼看良机已到。于是，石亨、徐有贞等率兵夜入南宫，拥立明英宗登基复位，同时又

以“欲迫外藩襄王之子为帝”的罪名杀死了于谦和大学士王文。

于谦有功于明朝，结果却被冤杀，京城内外百姓得知消息后，莫不痛哭流涕。

据说，杀于谦时，明英宗也十分不忍，因为于谦实在有功，然而徐有贞说道：“如果不杀于谦，我们今天的行动就师出无名了。”于是，明英宗下了毒手。这个事件在历史上被称为“南宫复辟”，也称“夺门之变”。

明英宗复辟后，那些关心国事的正派官吏相继遇害，政权落入宦官手中，政局一片黑暗。

明宪宗继位后，为于谦平反昭雪，将他

的故居改名为“忠节祠”。

明宪宗在祭奠于谦的诰文中说：“当年国家多难，您临危受命，保卫国家，独自主持公道，被权臣奸臣嫉妒。先帝在位时已知道您的冤屈，朕也怜惜您的忠诚。”

从此以后，于谦得到了人们的世代祭祀。

9 内忧外患的嘉靖时期

1521年，明武宗朱厚照去世，朱厚熜(cōng)继位，改年号为嘉靖，这就是明世宗。

明世宗在位四十五年，其间严嵩擅权达十七年之久，有二十多年明世宗不曾上朝理事。严嵩是个大奸臣，他除异己，立朋党，造成国库空虚，兵备废弛。由于权臣的擅权和明世宗的昏庸，嘉靖年间东南沿海倭患极为严重。东南海防空虚，一些重要地段的士兵人数只有原来的三分之一，战船不足，致使倭寇(日本海盗)乘虚而入，大举进犯。虽然涌现了像戚继光、俞大猷(yóu)等著名抗倭将领，使得东南沿海的抗倭斗争取得了决定性胜利，但不能弥补嘉靖时期政治上的过失。

除了外患，还有内忧。除了各地此起彼伏的农民起义，就连北京深宫内，也爆发了罕见的宫女弑君事件。事情失败后，参加弑君行动的宫女们全部被斩首。

“壬寅宫变”
实况。
Z
Z
Z
Z
结果却失败了。
小小宫女，
竟敢企图杀
害朕……

“一代名奸”严嵩

严嵩是明代独一无二的大奸臣。据《明史·奸臣传》记载，严嵩除了很懂得怎样做一个奸臣外，其实并没有执政才能。他踏入官场以后，实际上只做了四件事情：一是弄权，二是媚主，三是索贿，四是整人。成为首辅（相当于宰相）后，更是贪得无厌，敲诈勒索，买官卖官，无恶不作。

严嵩常常整人，被他整死的人不计其数，其中最有名的是沈炼和杨继盛。这两个人，都是因为弹劾严嵩而被害死的。其中，沈炼的职务是锦衣卫经历。经历是管文书档案的“七品芝麻官”，锦衣卫则是明代有名的特务组织。沈炼虽在锦衣卫任职，但为人正直，疾恶如仇。沈炼的长官锦衣卫都指挥同知陆炳和严嵩父子很要好，因而严嵩父子对沈炼也很客气。然而沈炼极为痛恨为非作歹、祸国殃民的严嵩父子，根本不吃他们这一套。嘉靖三十年（1551），他终于忍无可忍，于是上书明世宗，历数严嵩十大罪状，请世宗

历史微课

陆炳（1510—1560）字文明，浙江平湖人。陆炳的母亲是明世宗的奶妈，因此，他从小就和明世宗交好。长大后，陆炳考中了武进士。他还曾从火海中救出明世宗，因此深得皇帝恩宠，官至锦衣卫都指挥同知，执掌锦衣卫，被封为太保兼少傅，《明史》中称他“势倾天下”。

除奸臣，以谢天下。这件事如同捅了马蜂窝，给他招来了杀身之祸。严嵩联合死党，以“莫须有”的罪名把沈炼杀害了。

嘉靖四十三年(1564)，严嵩的儿子严世蕃以“通倭谋反”的罪名被人告发，被捕入狱。这个罪名如果成立，“迎接”严嵩的不仅是家破人亡，还有身败名裂。果然好景不长，第二年，严嵩家被抄，共抄得

田地上百万亩、房屋六千多间，以及无数的珍稀古玩、名人字画，还有黄金三万多两、白银二百万两，相当于当时全国一年的财政总收入。

这些财产究竟从何而来？严嵩原本出身贫穷，这些当然是他掌权二十年间，父子二人从各处搜刮勒索来的。

开国之初出现奸臣是不奇怪的，因为那时制度还是草创，时局并不安定太平。亡国之时出现奸臣也不奇怪，因为那时王朝行将灭亡，问题众多。然而明世宗是明朝第十一位皇帝，1521年登基的时候上距开国一百五十三年，下距亡国一百二十三年，正好在王朝的中间偏后一段，却冒出个大奸臣，真是少有的怪现象。

罕见的宫女弑君

明朝嘉靖年间发生了一起历史上罕见的宫女弑君事件，被称为“壬寅宫变”。

当时，明世宗朱厚熜为求长生不老药，命令方士炼丹。他听信方士的谎言，说未经人事的宫女的月经可保人长生不老，于是大规模征召十三四岁的女孩入宫，利用她们的处女经血来炼制长生不老药。宫女们的遭遇是不可想象的，她们在经期来临时，被规定每天只能喝露水、吃桑叶，不能进食，因为要保持体内“洁净”。

除此之外，明世宗还经常惩罚甚至任意

残害宫女。苦不堪言的宫女们无法忍受，于是，以杨金英为首的宫女们决定，趁明世宗熟睡的时候，用绳子勒死他。

明朝帝王的寝宫是紫禁城内的乾清宫，除了皇帝和皇后，谁也不能在此居住，就连服侍的妃嫔们当夜也得离开，除非皇帝允许。乾清宫设有九间暖阁，共二十七个床位，皇帝可以从中任选一张床休息，所以皇帝平时究竟睡在哪张床上，一般人都搞不清。

这一天，嘉靖帝来到端妃的翊坤宫中就寝，那些守候在他身边的宫女趁机发动了这场史无前例、惊天动地的“壬寅宫变”。“壬寅宫变”足见嘉靖时期的内宫状况近乎变态。

但是事与愿违，由于情急，宫女们把绳子打成了死结，皇帝只是被吓晕了，并没有被勒死。

正好这时候皇后赶到，所有宫女都被拿下，连服侍嘉靖帝的端妃也被拿下。她们的下场自然很悲惨，要么被凌迟，要么被斩首。

因为这件事发生在嘉靖壬寅年(1542)，所以后人把这件事称为“壬寅宫变”。

历史微课

乾清宫 乾清宫是紫禁城内廷后三宫（乾清宫、交泰殿、坤宁宫）之一，始建于明朝永乐年间，是明皇帝的寝宫，也作为平时处理日常政务之所。“壬寅宫变”后，嘉靖皇帝移居西苑（今中南海）。

戚继光抗倭

在浙江、福建沿海一带，有一种饼叫“光饼”，那是一种中间穿孔的圆饼。为什么把这种饼叫作光饼呢？这里有一个与戚继光有关的故事。

1528年，那已经是明朝中期，戚继光出生于登州(今山东蓬莱)的一个武将家庭。他从小就刻苦好学，跟父亲学到了很多军事知识。后来，他考中武举，担任都指挥佥事，在山东地区抗击倭寇。

倭寇是日本内战中一些失去生计的人和战败的武士。他们在元末明初驾着海盗船，在我国沿海一带进行抢掠。明朝初年，由于海防巩固，军备充足，倭患尚未酿成大祸。明朝中期以后，特别是在嘉靖年间，随着政治的腐败、海防的松弛，倭寇的侵扰越来越猖獗。他们不时进犯我国东南沿海，有时甚至闯入内地，烧杀抢掠，无恶不作，给沿海人民带来无尽的灾难。

面对倭寇的嚣张行为，戚继光曾赋诗：“封侯非我意，但愿海波平。”他立志要扫平倭寇，保卫海疆，为此他

历史微课

抗倭英雄俞大猷(1504—1580) 明代抗倭名将。他的一生几乎都在与倭寇作战，战功显赫。他率领的“俞家军”勇猛善战，威镇江浙闽粤，人们将他与戚继光并称为“俞龙戚虎”。他还创立了兵车营，设计创造了用兵车对付骑兵的战术。

严格训练士兵，整顿军纪，修复边防，巩固海疆。山东的海防日见成效，倭寇不敢再来这一带进犯，戚继光也因此威名远扬。1555年，朝廷见戚继光抗倭有方，便把他调到倭患最严重的浙江地区，让他负责镇守台州、绍兴、宁波一带。戚继光招募义乌农民，加以训练，建立了一支武艺精湛、军纪严明的“戚家军”。他们接连打了几次大胜仗，基本上解除了浙江的倭患。

戚继光荡平浙江的倭寇以后，又转战到福建。盘踞福建的倭寇头目们闻风丧胆，赶忙派了几个人前来刺探消息。探子们来报，说戚家军根本没有传说中的那么神奇，他们一天只走十几千米路，而且军纪涣散，到福建估计至少要七八天。倭寇头目听后终于松了口气，说道："说什么戚家军厉害，我看徒有虚名。兄弟们，戚家军赶到这里还早着呢，让我们今天喝个痛快！"当晚，倭寇们大摆酒筵，个个喝得不省人事，七歪八倒地躺了一地。谁也没想到，就在当天夜里，戚家军已经悄悄地赶到福建，乘着倭寇酒醉之机，发动了突袭，把他们一网打尽。

原来，戚继光为了麻痹敌人，在进军福建的途中，让士兵们腿上都绑上沙袋，放慢行军速度，一天只走十几千米路。倭寇的探子前来打探消息，戚继光知道了，也不去抓，让探子回去报告。趁这个时间，戚继光让士兵烙制带孔的饼，然后用绳子穿好背在身上，解下沙袋，迅速行军，一路马不停蹄，饿了就吃饼。七八天的行程，他们用了一昼夜就赶完了。正当倭寇们酩酊大醉时，戚家军忽然出现，把他们全部歼灭了。

天亮后，避难在外的老百姓听到消息，纷纷返回家园。戚继光见百姓们由于连年遭受倭寇的侵扰早已饥寒交迫，于是命令士兵把剩下的饼送给他们吃。老百姓很感激，就把这种饼称为"光饼"。后来，为了表示对戚家军抗倭斗争的支持，百姓家家烙饼送给戚家军。

虽然这只是流传于当地的民间故事，但它体现了人们对于民族英雄戚继光的敬重与怀念。

10 万历皇帝和宫廷三大“无头案”

“万历”是明朝使用时间最长的年号，一共使用了四十八年，它是明神宗朱翊(yì)钧在位时的年号。

明神宗十岁就登基做起了皇帝，他也是明朝在位时间最长的皇帝。由于张居正等人的辅政，万历年间出现了政通人和的局面。然而，恰恰乂是这位皇帝背负了“明之亡实亡于神宗”的罪名，因为万历后期，他竟连续二十几年不上朝。

这种转变主要发生在1582年，即万历十年，当时张居正辞世，改革被搁置，明朝政治开始走下坡路。

与此同时，辽东边境危在旦夕，努尔哈赤接二连三地攻下了明朝的东北重镇。可是，就在这样危急的时刻，北京的紫禁城里，令整个大明王朝焦头烂额的不是商议如何击退外敌，而是接连发生在宫里的三件奇怪的大案。

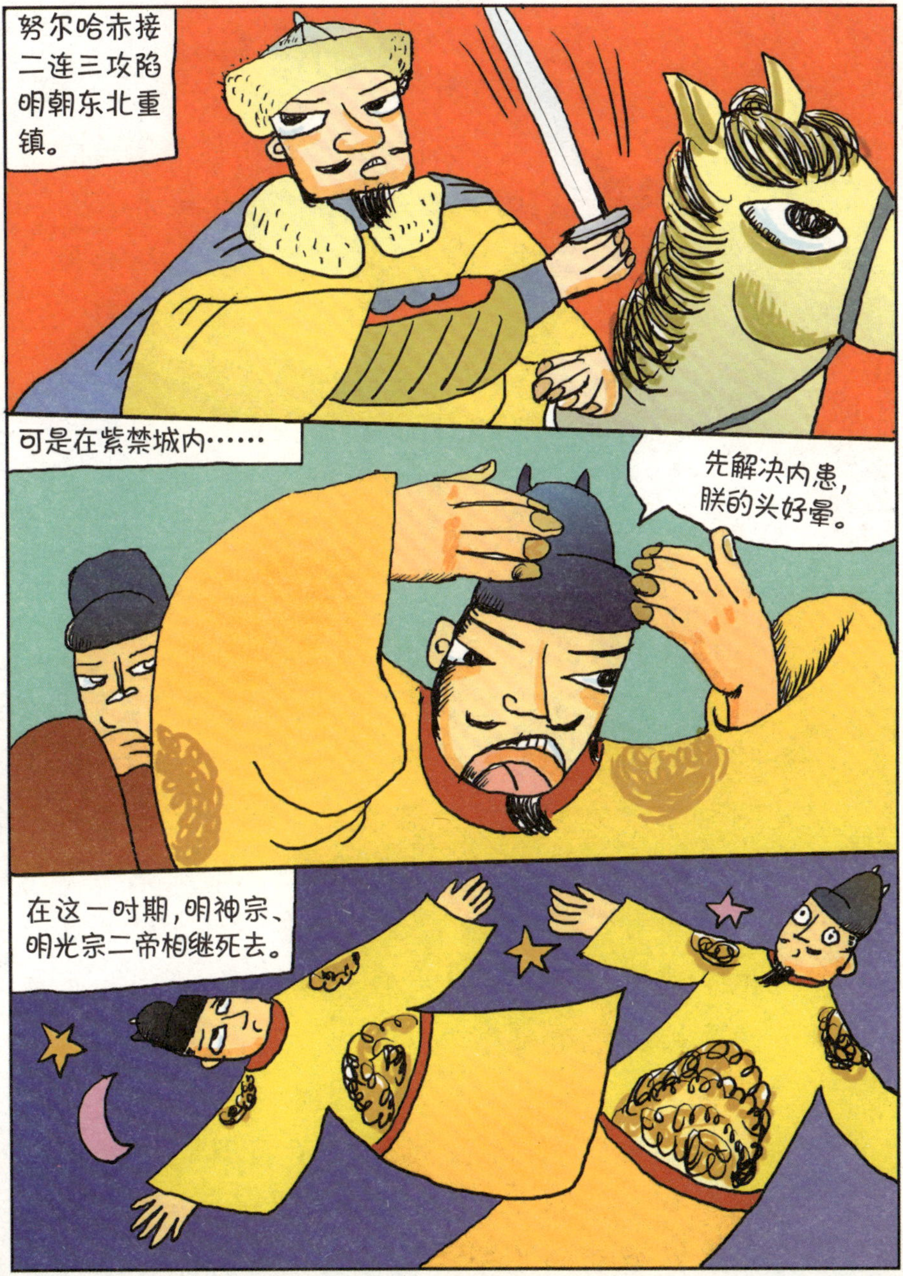
努尔哈赤接二连三攻陷明朝东北重镇。
可是在紫禁城内……
先解决内患，朕的头好晕。
在这一时期，明神宗、明光宗二帝相继死去。

“隐身”皇帝

明朝历史上在位时间最长的皇帝是明神宗，也就是万历皇帝，他在位共四十八年。然而，他漫长的帝王生涯却充满了悲剧色彩。

1572年，明神宗的父亲明穆宗突然病逝，年仅十岁的神宗继承了皇位。明神宗不喜欢乏味而枯燥的宫廷生活，后来他能够独立处理朝政时，又处处受到大臣们的束缚。明神宗始终感觉自己像是一个囚徒，长期被囚禁在密不通风的紫禁城里。

这样压抑的宫廷生活让明神宗忍无可忍，直到一个聪明伶俐的女人的出现，给他带来了快乐，她就是明神宗最宠爱的妃子郑贵妃。郑贵妃喜欢读书，他们经常在一起读书、参佛，还把他们至死不渝的爱情誓言书写下来，放置在锦囊中。郑贵妃不像其他妃子那样对明神宗只有服从和敬畏，他们之间更多的是相互交流。

明神宗一直有个心愿，就是想把皇位传给郑贵妃的儿子。可是，这个主张遭到了满朝文武大臣的反对。因为按祖制，太子应立嫡长子，而郑贵妃的儿子不是他的嫡长子。明神宗无力实现自己的想法，便采取了一种令人不可思议的方式进行对抗——过起了漫长的隐居生活。

明神宗在位四十八年，竟然有三十年的时间，一直隐居在紫禁城的后宫。最后二十多年，他成为一个真正的“隐身”皇帝，几乎拒绝与任何大臣见面。二十一岁时，他就开始为自己修建陵墓——定陵。定陵的建造前后持续六年时间，花费白银八百多万两，相当于全国两年的农业税收。当定陵即将完工时，明神宗亲自前往视察，然后悄悄返回京城，从此再没有踏出紫禁城半步。明神宗是个悲观的厌世者，在接下来的岁月中，他好像就只在默默等待死亡的降临。

临终之前，明神宗立下遗诏，将郑贵妃晋封为皇后，死后可葬入定陵。但可悲的是，在大臣的阻挠下，郑贵妃没有被晋封皇后，死后也未能入陵。明神宗终于没能与自己最心爱的女人葬在一起，作为一代帝王，他的心愿似乎总是无法实现。

历史微课

定陵 坐落在北京昌平区天寿山，是明神宗朱翊钧的陵墓，这里还葬有他的两位皇后（孝端、孝靖）。定陵在1956年由政府发掘，是明十三陵中唯一一座被发掘了的陵墓。它的发掘为明史研究提供了重要的实物资料，但由于当时的文物保护技术不成熟，很多随葬品没有得到有效保护。

“宰相之杰”张居正

被誉为“宰相之杰”的张居正是明万历年间的一位传奇人物。他荣登内阁首辅之位后，以非凡的智慧和魄力，整饬朝纲，推行“一条鞭法”，使奄奄一息的明王朝重新获得勃勃生机，万历朝也因此成为明王朝最富庶的时期。

张居正小的时候人称“江陵神童”。他原来不叫居正，而叫白圭。张白圭两岁识字，五岁上学，十岁通晓六经，十二岁中秀才。

由于张白圭刻苦用功，勤奋学习，他十二岁就参加了荆州府的考试。在去考场的路上，监考官想考考这位“江陵神童”，便朝书院里面两棵参天古树一指，

念出上联：

“大文庙，两棵树，顶天立地。”

白圭没作太多考虑便应声对道：

“小学生，一支笔，治国安邦。”

监考官一听，心中暗暗一笑，点了一下头，打着官腔说道：“小学生果然非同寻常，且待考场上见。”

最终不出所料，张白圭以优异成绩考中了秀才。

湖广巡抚顾应璘是个惜才爱才的人，听说江陵出了一个神童，就特地来荆州府寻访到这位小神童，并出了一联要考考张白圭：

“雏凤学飞，万里风云从此始。”

张白圭对出下联道：

“潜龙奋起，九天雷雨及时来。”

顾巡抚感到张白圭果然抱负非凡，才华出众，欣喜不已，随手解下金腰带赠给张白圭，并替他改名为张居正，希望将来他成为国家栋梁时，能做一个有利于社稷百姓的好官，不像墙头草两边倒，而是秉公居正。

1547年，张居正考中进士。后来，才

华出众的张居正得到了明穆宗朱载垕(hòu)的信任。1572年,明穆宗去世,留下遗诏,命张居正等三位大臣辅政,太子朱翊钧即位,他就是明神宗。

明神宗即位后不久,张居正成了内阁首辅。张居正根据明穆宗的嘱托,真的像老师教学生一样,开始辅导年方十岁的明神宗。他编了一本有图有文的历史故事书,叫作《帝鉴图说》,每天给明神宗讲解。由于太后和大太监冯保的支持,朝政大事几乎全部由张居正做主。明神宗把张居正当作严师看待,对他既尊

敬，又害怕。

作为一个有远见的政治家，张居正在掌握实权以后，就决定进行一番整顿，在经济、军事、政治方面展开大刀阔斧的改革。

在经济上，原先由于大地主兼并土地、逃避税收，致使国库越来越空虚。张居正下令丈量土地，经过清查，查出了一批被豪强地主、皇亲国戚隐瞒不报的土地，这样一来，国家的收入增加了，豪强地主损公济私的行为也受到了抑制。在丈量土地之后，张居正又把当时名目繁多的劳役和赋税合并起来，统一折成银两征收，称为“一条鞭法”。这次税收改革，增加了国家的收入，减轻了农民的负担，同时防止官吏营私舞弊，促进了商品经济的发展。因此，“一条鞭法”作为赋税制度的一次大变革，常常为后人所津津乐道。

历史微课

冯保(1543—1583) 明朝著名太监。在嘉靖年间入宫，隆庆年间掌管东厂，兼管御马监，万历年间担任司礼监秉笔太监和掌印太监。他是万历皇帝儿时的玩伴，被称为“大伴”。明穆宗驾崩后，他与张居正等人成为顾命大臣。冯保支持张居正的改革，在张居正死后，他也被放逐，后病死。

在军事上，张居正对蒙古采取安抚政策，选用带兵严格、能征善战的将领整饬军备，加强边防。在政治上，张居正整顿吏治，各级官吏经过考察合格后才能升迁。张居正还派人治理黄河，平定水患，使百姓安居乐业。

张居正花了整整十年时间进行了大胆的改革，使腐败的明朝政治有了转机，国势中兴，社会一片欣欣向荣。当时国库积银多达四百余万两，太仓屯粮可支用十年，处于统治危机中的明王朝出现了“短暂的春天”。

然而，张居正的改革触犯了豪强贵族的利益。他们虽然表面上看来对改革无可奈何，暗地里却对张居正恨之入骨，等待时机除之而后快。

就在张居正执政的第五年，他年老的父亲在江陵老家去世，按照传统礼法，他必须回乡守孝三年。但是，当时改革正处于关键时期，张居正担心自己离开会使改革受到影响。在明神宗和一些大臣的挽留下，他仍留在京城任职，让儿子代为奔丧。这样一来，就有不少人逮到机会，抓住张居正父死不奔丧的事大做文章，向明神宗上书弹劾，甚至有人在大街上张贴告示攻击张居正，闹得满城风雨。后来，明神宗干脆下令，如若再有人拿此事叫板，一律处死，事态才得以平息。

此时，明神宗渐渐长大，常常闲得没事干，就有一批宦官在宫内想出各种办法陪他玩。有一次，明神宗喝醉了酒，无缘无故把两个小宦官打得半死。太后知道这件事后，把明神宗找来，狠狠地教训了他一顿，还命人拿来《汉书·霍光传》告诉神宗，西汉霍光辅政的时候，有个昌邑王刘贺，即位后却仍然被太后和霍光废掉了，暗示明神宗要严于律己，现在的张居正就如同汉代的霍光。明神宗听后，吓得浑身直哆嗦，跪在太后面前直讨饶。

后来，太后让张居正代明神宗起草了罪己诏（皇帝责备自己的诏书），并把一些引诱明神宗胡闹的宦官全部赶走。经过这件事，明神宗对张居正的感情，开始从害怕发展到怨恨了。

1582年，张居正病死，明神宗亲政。原来对张居正不满的大臣纷纷攻击张居正专权。第二年，明神宗竟把张居正生前的官爵全数废掉，张居正的大儿子被拷打后自杀，张家子孙十几人被关在屋子里活活饿死，张居正的家也被抄。改革措施自然被废止，稍有起色的明朝政局又走向了死胡同。

梃击案

1615年的一天，一个男子突然出现在太子朱常洛居住的慈庆宫门前。他挥舞木棒打倒守门宦官，闯入太子寝宫，最后被其他宦官捉住。

嫌犯被关押审问。原来此人名叫张差，家住蓟州井儿峪（在今天津蓟州区），言谈狡猾，行为癫狂。二次审问后，张差被确认是疯子，判了斩刑。然而，私下里张差却供出，是宫里的宦官将他带到慈庆宫门前的。

张差的供词不胫而走，朝中很多大臣怀疑是郑贵妃和她的哥哥搞的阴谋，因为郑贵妃一直想让自己的亲生儿子做太子，她图谋杀害太子也在情理之中。

调查审讯重新开始了，御史派人先去张差

老家了解情况。经过调查发现，张差在家时就已患上疯癫病。张差供出引路的宦官是刘成、庞保两人，这两人告诉他，只要打死太子，以后就不愁吃不愁穿。而刘成、庞保都是郑贵妃的人，如此再追查下去，定会牵扯到郑贵妃。

当时，明神宗朱翊钧已经二十五年没有上朝了，事情到了这个地步，他不出面就无法收拾，郑贵妃又是他最宠爱的人。于是，他破天荒地召见文武百官，拉着太子朱常洛的手对他们说道："朕特别喜欢常洛，这个儿子很孝顺。你们不要离间朕父子，动不动就传播谣言。"

他回头问朱常洛有什么要说的。

朱常洛对文武百官说道："张差是个有病的人，把他处决算了。我们父子何等亲爱！外面议论纷纷，是不应该的！请各位大臣不要害常洛成为不孝之子！"

父子二人上演了一幕双簧戏，众大臣无言以对，梃击案也就不了了之了。

红丸案

1620年，当了四十八年皇帝的明神宗病逝，太子朱常洛即位，他就是明光宗。郑贵妃怕明光宗报复她，便想尽办法讨好明光宗。明光宗当太子时，身边有两个姓李的选侍(等级比较低的妃子)，号称“东李”“西李”。明光宗尤其宠爱西李，于是郑贵妃首先拉拢西李，她建议立西李为皇后。随后，郑贵妃又精心挑选了八位貌美如花的女子送给明光宗，光宗天天沉湎其中，身体一天不如一天。

因为一连几天排泄不正常，明光宗吃了内侍崔文升拿来的泻药，谁知排泄是通畅了，但一天要拉数十次，拉得快要虚脱了。此时，鸿胪寺丞李可灼自称有“仙丹”，可以治明光宗的病。明光宗一听说有“仙丹”，很高兴，忙叫宦官召李可灼入宫献药。李可灼所说的“仙丹”是一种红色的药丸。明光宗吃了一颗，果然觉得浑身舒畅，笑着称赞李可灼是难得的忠臣。下午时，明光宗没有听从众臣的劝阻，又吃下一颗红丸，想不到，第二天清晨，他就猝然死去。

明光宗暴死，满朝哗然。前后算起来，明光宗只当了一个月的皇帝。众人指责崔文升故意用泻药，伤了明光宗的元气，又指责李可灼结交宦官，进献红丸，是导致明光宗死亡的凶手。崔文升是郑贵妃的心腹，明光宗之死，郑贵妃脱不了干系。崔文升和李可灼最终都被处死，红丸案也就此搁浅，并没有进一步追查下去。

历史微课

鸿胪寺 可不是什么寺庙，而是一个中央机构的名称。明代中央机构里面共有五个寺，分别是大理寺、太常寺、光禄寺、太仆寺和鸿胪寺。大理寺掌管刑狱案件的审理；太常寺掌管宗庙祭祀礼仪；光禄寺掌管皇室膳食；太仆寺掌管全国的马政；鸿胪寺掌管朝会礼仪。

移宫案

1620年，明神宗、明光宗两帝相继过世，新帝明熹宗即位。明熹宗名叫朱由校，由于父亲光宗得不到祖父神宗的宠爱，所以他小时候也备受冷落，直到神宗临终前才留下遗嘱，册立朱由校为皇太孙。朱由校的生母王才人虽然地位在“西李”“东李”之上，但因为明光宗宠信她们，王才人备受李氏欺凌，抱憾而死。而朱由校小时候因为生母过世早，常常受李氏的谩骂虐待，养成了害怕“西李”的懦弱个性。

明光宗病危时，住在乾清宫。“西李”虽然只是一名选侍，但由于受明光宗宠爱，也一起住在那里。乾清宫是内廷的正宫，按规矩，只有皇帝皇后才能居住。

明光宗临终前，曾召大臣入宫，要封“西李”为贵妃。没想到“西李”不满足，唆使朱由校出面请求封她为皇后。对于她的做法，众臣颇为不满。当然，明光宗也没有同意。

明光宗死后，“西李”仍住在乾清

宫。她把朱由校带在身边，企图挟太子以令群臣。群臣要求见皇太子，“西李”也不让他们进宫。经过一番争斗，群臣对“西李”更加愤恨，纷纷上书，要求“西李”搬出乾清宫。“西李”仗着自己从小把朱由校带大，派宦官去叫朱由校，企图通过他来压制群臣。

“西李”派出的宦官被兵部官员杨涟挡在门前，杨涟对他说：“殿下在东宫时是皇太子，现在已经是皇帝了。‘西李’有什么资格召见皇帝？你去传这个话，不然今后你自尝恶果。”那宦官听他说得义正词严，只得转身走了。

群臣颇感不平：“明天太子就要登基为天子，哪有天子住在太子宫，反让一个‘西李’住在正宫的道理！‘西李’算个什么人，竟敢如此欺侮天子！”于是，第二天他们齐集宫门外，要求朱由校下诏责令“西李”搬出乾清宫。

在这种情势下，“西李”只得搬出乾清宫，移居鸾宫。鸾宫是宫女们的养老之处。“西李”这一搬，移宫案才告结束，同时也说明，在政治上她再也不能摆布朱由校，无法兴风作浪了。

11 无锡东林书院，倾动朝野的政治讲台

明朝末年，一群不满时政的文人虽被罢官去职，却仍以天下为己任，怀着一腔正气，开设东林书院，针砭时弊，借学问之名宣扬政治主张，影响着天下的舆论。

东林书院的创始人是被革职还乡的顾宪成。当时，不少胸怀道义的士大夫郁郁不得志，归隐山野，东林书院的重建使他们看到了希望，因此争相前来。一时间，东林书院门庭若市，热闹非凡。他们忧国忧民的行动打动了朝中一些官员。这些官员和东林书院遥相应和，形成了一股不容忽视的政治力量，人称“东林党”。

东林书院不仅是全国著名的教育机构，更是倾动朝野的政治讲台。然而，明熹宗时期，大太监魏忠贤专权，形成明代势力最大的宦官集团。一大批东林党知名人士遭到血腥镇压，不少人被迫害致死。直到明思宗即位，魏忠贤自缢身亡，东林党人才得以免遭迫害。

读书人要关心国家大事。
我们要家事国事天下事，事事关心。
顾宪成

一副万世流芳的对联

无锡有个苏家弄，明朝末年，这里有个非常著名的书院——东林书院，它是东林党人讲学的地方。过去，书院门口贴着一副非常有名的对联：

风声雨声读书声，声声入耳；

家事国事天下事，事事关心。

对联的作者就是书院的创立者顾宪成。明朝末年，江苏无锡人顾宪成在朝廷里做官，他为人正直，看不惯朝廷里的坏事，喜欢站出来批评，因此得罪了权贵，被罢官回乡。

官是当不成了，但他仍关心国事，就开办东林书院来讲学。顾宪成特意写了上面那副对联，贴在书院里，告诉到这儿学习的人，不单要读书，更要关心国家大事。他还常常在书院里批评朝廷里的坏人坏事，对魏忠贤这样的恶人更是点着名地骂。就这样，东林书院的名气越来越大，影响也越来越广，成了正义人士针砭时事的场所。他们还跟朝廷里那些清正廉洁的官员们保持密切联系，这些官员也支持他们的主张。人们就把这些忧国忧民的人叫作“东林党人”。

万历朝后期，宦官专权，倒行逆施，政治腐化，经济凋敝。针对这些情形，东林党人提出广开言路、实行改良、减轻徭役赋税、发展东南地区的经济等主张，得到当时社会上的广泛支持，但同时也遭到宦官等各种敌对势力的强烈反对。

魏忠贤对东林党人恨得咬牙切齿，就找了个借口，向东林党人下手了。东林书院被拆，顾宪成在前几年已经死了，其他的一些东林党领袖，像高攀龙、杨涟、左光斗等人，都一一遇害。魏忠贤还指使党羽炮制《东林点将录》，将有名望的东林党人分别加以《水浒传》一百零八将的绰号，企图将其一网打尽。

然而，正义之声是压制不住的。东林书院里的那副对联，一直在到处流传。东林党人一身正气，他们不顾个人安危、敢于斗争的大无畏精神，受到了后人的广泛敬仰。

铁石铸成的心肠

明熹宗刚即位的时候，一些支持东林党的大臣得到重用，其中要数左光斗和杨涟最为有名。

左光斗和杨涟一心一意想整顿朝政，但是明熹宗宠信宦官魏忠贤，让魏忠贤掌握特务机构东厂。魏忠贤凭借手中的特权，干尽了坏事。杨涟对他的胡作非为气愤难遏，向明熹宗递交了一份奏章，大胆揭发魏忠贤的数十条罪状。左光斗极力支持他。

这样一来，触怒了魏忠贤，他攻击杨涟、左光斗是东林党，罗织罪名，把他们关进大牢，严刑逼供。

左光斗的学生史可法听说老师被折磨得快要死了，不顾危险，给了狱卒五十两银子并苦苦哀求，想见恩师最后一面。史可法的诚意打动了狱卒。当天晚上，史可法换上一件破烂的短衣，扮成淘粪人的模样，由狱卒带领着进了监牢。

史可法见到左光斗时，早已认不出老师了：他的脸被烧得一塌糊涂，左腿腐烂，露出了骨头。史可法一阵心酸，抱住老师的腿，悲痛地抽泣起来。

左光斗满脸是伤，睁不开眼，但知道是史可法来了之后，他十分愤怒，举起手，用尽力气拨开眼皮，大骂道："蠢材！这是什么地方，你来干什么！我已经完了，你还不顾死活地跑进来！国家已经沦落到这种地步，万一你也被发现，将来国家靠谁拯救啊？"

史可法还是不断抽泣。左光斗怒声说："再不走，我现在就先杀了你，省得奸人动手。"说着，像是要摸起镣铐，向史可法砸去。

史可法不敢作声，他忍着无尽的悲伤，从牢房里退了出来。

过了几天，左光斗和杨涟就被魏忠贤杀害了。史可法买通狱卒，把老师的尸体掩埋了。每当他想起牢里的情景，总是情不自禁落下眼泪，说："我老师的心肠，真是铁石铸成的啊！"

五人之墓

明朝末年，朝廷上下满是魏忠贤一党和迎合他的官员，稍微有点正义感的人都不愿意跟他们同流合污，纷纷辞官还乡。

当时有个叫周顺昌的清官，看不惯这些人横行，便告老还乡回到苏州。1626年，魏忠贤又一次大规模逮捕东林党人。兵士押解了一个东林党官员路过苏州，周顺昌为他设宴送行，并且在宴席上大骂魏忠贤。押送的兵士回去报告了魏忠贤。魏忠贤大怒，命令东厂派出兵士，由应天巡抚毛一鹭带领，到苏州捉拿周顺昌。

东厂到苏州抓人的消息一传开，苏州成千上万的百姓拥上街头，声援周顺昌。大家拦住毛一鹭的轿子，推举几名秀才向毛一鹭请愿，要求取消逮捕周顺昌的命令。

毛一鹭见群众声势浩大，在轿子里吓得直发抖。旁边的兵士仗着自己是东厂的人，把手里的铁镣舞弄得"哗啦啦"地响，厉声说："我们是东厂来的，谁敢阻挡！"

百姓一听火气更大了，高喊起来：

“打死东厂奸贼！”

“打死这些奸贼！”

大伙一面喊，一面向毛一鹭和兵士冲过去，声音像山崩地裂一样。这些平日仗势欺人的兵士此时吓得东奔西窜，想逃出百姓的包围。愤怒的百姓赶上去，把他们揪住，劈头盖脸地痛打。这些兵士被打得头破血流，连滚带爬地逃走了。

毛一鹭见势不妙，早就趁乱脱了官服，溜进一条小巷里。眼看后面的人群追了过来，正找不到躲藏处，突然看到前面有一个粪坑，他也顾不上体面，一头钻到臭气熏天的粪坑角落里躲了起来。直到众百姓散去，随从们才从粪坑边把吓昏了的巡抚拖了出来。

魏忠贤得知情况，哪肯罢休，又命令毛一鹭带了更多的兵士到苏州镇压。他们把那天带领百姓暴动的颜佩韦、杨念如、马杰、沈扬、周文元五人抓进监牢，安上一个“煽动叛乱”的罪名，给他们定了死罪。

当五个人被押到刑场就义的时候，他们神色自若，还点着魏忠贤、毛一鹭的臭名大骂哩！

五人被杀害之后，当地百姓出了钱，从

剑子手那里领回尸体，把他们安葬在虎丘东边的山塘河边。后来还立了墓碑，碑上写着“五人之墓”。

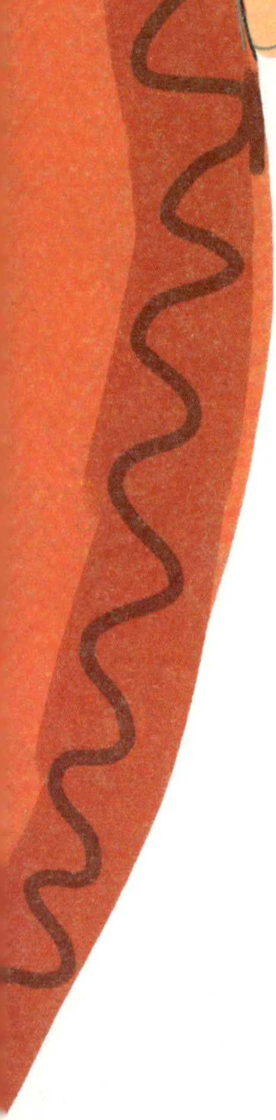

历史微课

东林六君子 明代晚期，东林党人一身正气。为了扳倒魏忠贤，他们抱着为国尽忠的信念，与这些奸贼展开了激烈的斗争。魏忠贤一党对东林党人实行了血腥镇压，杨涟、左光斗、袁化中、魏大中、周朝瑞、顾大章六人被抓捕入狱，最后被迫害致死。当时人尊称他们为“东林六君子”。

无耻！
无耻！
无耻！

12 无可奈何花落去——明朝灭亡

明朝从万历朝中期开始走向衰落。当时官员腐化，皇帝怠政，女真叛乱；天启年间，宦官魏忠贤专政加快了这一衰落的进程。崇祯年间，各地爆发农民起义，后金突破长城，五入关内。1644年，李自成率领农民起义军攻占北京城，崇祯帝自缢而亡，明朝被推翻。明朝的宗室在南方建立了几个南明政权，又延续了近二十年。1662年，南明永历皇帝朱由榔被杀害，至此，南明灭亡。

明朝灭亡的原因有很多，主要包括内外两方面。内因方面，明末统治者疏于朝政，宦官专权，因而使许多愿为国家尽忠的知识分子受到排挤和打击，这在一定程度上削弱了士人阶层对皇室的信任；与此同时，农民起义势如燎原，一发不可阻挡。外因方面，后金在关外迅速崛起，使得明朝不得不将注意力转移到辽东。在与后金的不断争战中，明朝消耗了国力，最终加速了自身的解体。

明朝后期，英雄注定了悲剧的命运。

后金的崛起

就在明王朝的统治开始走下坡路时，我国东北女真族的一支——建州女真强大起来，它的首领是爱新觉罗·努尔哈赤。

努尔哈赤出身于贵族家庭，从小就喜爱骑马射箭，练得一身好武艺。十岁那年，因为母亲去世后继母待他不好，努尔哈赤离开了家。为了养活自己，他不得不去莽莽森林里打猎、采蘑菇、挖人参、摘松子，然后拿到抚顺集市上去卖。抚顺的集市很热闹，女真

人常在那里用山货跟汉人做生意。努尔哈赤因此接触到很多汉人，学会了汉文。

建州女真分成好几个部落，几个部落之间常常互相攻杀。明朝总兵李成梁就利用建州各部的矛盾来加强统治。努尔哈赤二十五岁那年，建州女真部有个土伦城的城主尼堪外兰，带领明军攻打古勒寨城主。努尔哈赤的祖父和父亲在古勒寨的混战中被明军所杀。

努尔哈赤痛哭了一场，想到自己的力量还不够强大，不敢得罪明军，就把一腔怨恨全发泄在尼堪外兰身上。于是，他跑到明朝官吏那里，要求把尼堪外兰交出来治罪。明朝官吏只交出了他祖父、父亲的遗体，但没有交出尼堪外兰。

努尔哈赤满腔愤怒地回到家里，翻出父亲留下的盔甲，分发给手下的士兵，向土伦城进发。努尔哈赤骁勇善战，很快攻克了土伦城。尼堪外兰仓皇出逃，最后逃到了鄂勒珲（今辽宁抚顺东），请求明

军保护。努尔哈赤也追到那里。明军看他不依不饶，怕因此引起战争，就让他杀了尼堪外兰。

努尔哈赤消灭了尼堪外兰，势力逐渐壮大，在接下来的三十几年里，他逐渐统一了女真各部。

努尔哈赤在统一女真的过程中，把女真人编为八旗，每旗下面有许多牛录，一个牛录三百人。这些人平时打猎耕田，战时打仗。旗既是行政单位，又是军事组织。八旗制度既保证了生产，又增强了战斗力。为了麻痹明朝，努尔哈赤态度很恭敬，向明朝称臣纳贡。他经常到北京，亲自探听明朝政府的虚实。明朝还封他做了龙虎将军。1616年，在八旗的拥护下，努尔哈赤在赫图阿拉(今辽宁新宾西)称汗，国号金，历史上把它称为后金。

1618年，努尔哈赤召集八旗首领和将士誓师，宣布跟明朝在七件事上结下了冤仇，叫作“七大恨”，其中第一大恨就是明朝杀了他的祖父和父亲。为了报仇，他决定起兵征伐明朝。

萨尔浒之战：明朝与后金的关键之役

萨尔浒之战，是中国古代战争史上集中优势兵力各个击破敌军的出色战役，也是明与后金争夺辽东的关键一战。在这次战役中，后金军队在五天之内连破三路明军，歼灭明军五万人，缴获了大量军用物资。

1619年，明神宗派杨镐为辽东经略，讨伐后金。杨镐坐镇沈阳，指挥全局。经过一番紧张的调兵遣将，集中了十万人马，为了虚张声势，号称四十七万，分四路进攻。

那时候，后金的八旗军全部兵力合起来不过六万多人。后金将士得到情报，有些害怕，报告了努尔哈赤，让他拿主意。努尔哈赤拍拍胸脯说道："别怕，管他几路来，我们只一路去。"

经过侦察，努尔哈赤得知从抚顺出发的杜松率领的西路军是明军主力，就决定先集中优势力量对付杜松。

杜松也是一位久经沙场的将领。他先攻占了萨尔浒（今辽宁抚顺东）山冈，接着分兵两路，把一半兵力留在萨尔浒扎营，自己带了另一半精兵攻打后金的界藩城(今辽宁新宾西北)。

看到杜松分散了兵力,努尔哈赤暗自高兴。他一口气攻下萨尔浒大营,断了杜松的后路,然后从山上居高临下冲杀过来,把杜松率领的明军杀得溃不成军。杜松想奋力突围,不料头部中箭,从马上栽下而死。早已被团团围住的明军人仰马翻,被杀得尸横遍野,血流成河。

北路军刚刚到达距萨尔浒二十千米的地方,得知杜松兵败,吓得急忙转攻为守,依山设营垒,挖壕沟,准备防守。努尔哈赤率领八旗兵力日夜兼程地赶来,攻破明军营垒。

坐镇沈阳的杨镐正在等待各路明军的捷报,哪想到等来的不是捷报,而是两路人马败亡的坏消息。他惊得目瞪口呆,这才知道努尔哈赤的厉害,

连忙派快马传令立即停止进军。

南路军由刘铤统率。刘铤是明军中出名的猛将，努尔哈赤知道刘铤勇猛，对付他不能光靠拼硬仗。当杨镐发出停止进军命令的时候，刘铤军已经深入后金阵地，各路明军失败的消息，他毫不知晓。狡猾的努尔哈赤让人冒充杜松部下，送信给刘铤，说杜松军已到赫图阿拉城下，只等他们会师一起攻城。

刘铤不知道杜松军此时已经覆亡，信以为真，生怕杜松抢得头功，下令急速行军。刘铤带兵走了一阵，忽然杀声四起，漫山遍野都是后金的伏兵。刘铤正在纳闷，此时努尔哈赤又派了一支穿明军衣服、打着明军旗帜的军队，佯装前

来接应。刘綎毫不犹豫地就把军队带进了敌军的包围圈，这样，后金军形成了里应外合之势。刘綎虽然十分勇猛，但最终寡不敌众，双臂受伤，终于倒下。

还有一路明军由辽东总兵李如柏率领。他本来就胆小，行动也迟缓，接到杨镐的命令后，匆忙撤退。

这场战争虽然只持续了五天，但令明军元气大伤，十万明军损失一半。这就是历史上有名的“萨尔浒之战”。

1636年，努尔哈赤的儿子爱新觉罗·皇太极称帝，改国号为大清，正式建立清朝。1644年，清军入关，正式确立了对全国的统治。

闯王李自成

李自成是陕西米脂人，出生于一个农民家庭，小时候就喜欢射箭骑马，练得一身好武艺。后来，父亲去世，家境陷入贫困，他就到驿站里去当了马夫。由于他待人热情，周围的人都很喜欢他。

1628年，陕西闹了一场大饥荒。老百姓没粮食吃，连草根树皮都吃光了，最后只好吃山上的“观音土”。然而，一些地方官吏照样逼税催租，老百姓忍无可忍，就起来反抗，各地农民起义此起彼伏。这年冬天，朝廷从甘肃调了一支军队到北京去。一路上，士兵们领不到军饷，就闹到县衙，却遭到官员的镇压。有个年轻的士兵愤怒地挺身而出，带领大家把官员杀死，这个士兵就是李自成。

李自成知道，杀了朝廷官员，难免会招致杀身之祸。于是，他带着几十个小兵去投奔了王左挂领导的农民军。

起义军越来越多，形成了燎原之势。明王朝十分害怕，一面用高官厚禄招降农民起义军将领，一面派兵镇压。朝廷的这一招果然有效，不久，王左挂便动摇投降了，李自成只得另觅新主。他听说自称“闯王”的高迎祥十分有名，就决定去投奔他。

对于李自成带兵来投，高迎祥分外高兴，马上

關
杀呀!

授职，并把他封为“闯将”。

高迎祥的起义军转战河北、山西等五个省，声势越来越大。这令明思宗寝食难安，他决意调用各路兵马围歼起义军。经过激战，高迎祥被捕牺牲。

将士们失去主帅，心情十分沉重。但是军中不可一日无帅，大伙儿认为闯将李自成武艺高强，打仗勇敢，待人友善，又是高迎祥的爱将，所以纷纷拥戴他做了新闯王。打那之后，就有了李闯王。

李闯王的名声就这样传开了，明王朝又开始深感恐惧。明思宗命令总督洪承畴等人围剿李自成，李自成的处境越来越不容乐观。但由于他足智多谋，和将士们配合密切，几次冲破官兵的包围圈，并继续在各地与官兵周旋。

经过几起几落，李自成采用谋士李岩的建议，提出“均田免赋”的口号，受到了广大农民的拥戴。随着歌谣“迎闯王，不纳粮”的传唱，李自成的部队逐渐发展到百万之众，成为农民起义军中的主力。

历史微课

洪承畴(1593—1665) 福建泉州人。崇祯时期，洪承畴担任延绥巡抚、陕西三边总督、兵部尚书等职。他围剿明末农民起义军，曾打败李自成，使农民起义陷入低潮；后担任蓟辽总督，在松锦之战中战败，被清军俘虏后投降。降清后，洪承畴成为清朝汉人大学士，随清军入关，官至兵部尚书、太保，并继续镇压农民军。

"鏖战天街"，农民起义军攻占北京

1644年，李自成在西安建国，国号大顺，年号永昌。随后，起义军相继攻陷大同、宣府、居庸关和北京外城。在起义军攻下北京外城的第二天凌晨，明思宗崇祯皇帝自缢于煤山。

就这样，李自成率领起义军顺利进京。他头戴毡笠，身穿战袍，坐在一头高大的乌龙驹上，腰间佩着钢枪，将士们紧随其后，威风凛凛。走过正阳门时，抬头可见一座高大的写有"承天之门"的牌楼，这是明朝统治的象征。李自成顺手举弓引箭，嗖地射出一箭，正中"承天之门"的"天"字，将士们一片欢呼雀跃。明朝统治就此结束。

随后，李自成亲率部队，与明边关守将吴三桂在山海关外展开一场大战，但由于清军介入，李自成腹背受敌，大败。回京后，李自成在武英殿登基做了皇帝，之后便匆匆向西撤离。由于起义军内讧及与清军连连交战，起义军战斗力锐减。不久，清朝摄政王多尔衮进京，下令厚葬明思宗。接着，顺治帝进京，北

京成了清朝的都城。

明末农民起义，其规模在历史上是空前的。李自成提出的“均田免赋”等战斗口号，深入人心。但由于一些起义军将领骄傲轻敌等原因，李自成领导的农民起义最终失败了。

但是，这支起义军还是给人们留下了深刻的印象。至今，北京还流传着不少有关他们的故事。就拿天安门前的石狮子来说，为什么石狮子上面有个深坑呢？

传说李自成率起义军进城那天，看到承天门前的大石狮子，正想策马去看，忽然发现狮子后面有人埋伏。他立即摘下钢枪，猛刺过去，“吱”的一声，狮子的肚子被扎了一个坑，一个人影闪向西边的石狮子。李自成又直刺西边的石狮子，这样西边狮子的肚子上也被扎了一个坑。躲在狮子后面的人最终被捉住了。可是，两个石狮子的肚子上都留下了一个坑，每逢下雨天，石狮子的肚子上就会流水不止。故事是否真实，已很难分辨，但它反映了人们对于李自成以及他领导的农民起义军的怀念。

历史微课

明末鼠疫 李自成的大军被清兵打败，可能有一个原因不被人们所熟知，那就是鼠疫。李自成军在农历三月进抵北京，而京城此时爆发了大规模的烈性传染病——鼠疫。李自成大军中很多人感染了鼠疫，削弱了军队的战斗力，在面对清军精锐骑兵时，最终败下阵来。

十六位皇帝，十三座陵墓

举世闻名的明十三陵，是明朝十三位皇帝的陵墓。它坐落在北京市昌平区天寿山麓，总面积一百二十余平方千米。这里自永乐七年（1409）开始建造长陵，到明朝最后一位皇帝明思宗葬入思陵为止，其间相隔两百三十多年，先后修建了十三座气势恢宏的帝王陵墓、七座妃子墓、一座太监墓，共埋葬了十三位皇帝、二十三位皇后、两位太子、三十余

位妃嫔、一位太监。这是当今世界上保存最完整、埋葬皇帝最多的墓葬群。

历史上的明朝共有十六位皇帝，为什么墓葬群中只有十三座皇帝陵墓呢？这得从明朝开国皇帝说起。

明朝开国皇帝朱元璋做过和尚，当过乞丐，后来参加农民起义，打下大明江山。那时候他定都南京，后来死在南京，当然陵墓也就建在南京了。

明朝第二位皇帝是朱元璋的孙子朱允炆。他做皇帝没几年，就想收回各位皇叔的兵权，最后燕王朱棣发兵从北京打到南京，在攻进都城的时候，皇帝失踪了，至于他去了哪里，直到现在也还是一个谜，他自然就没有皇陵了。

明朝第七位皇帝明代宗朱祁钰的陵墓，以他在位时的年号称呼，叫作“景泰陵”，它不在十三陵，而在从颐和园去香山途中的金山口。明代宗就是“土木之变”中明英宗被俘后仓促登基的那个皇帝。后来“夺门之变”中明英宗复辟，明代宗重新成为郕

王，不久即死去。既然不再是皇帝，朱祁钰作为一个王，就被礼葬到了景泰陵。明英宗的儿子明宪宗朱见深继位后，不记旧仇，在1476年恢复了他叔叔的皇帝称号，庙号代宗，但是没有将他的陵墓迁到现在的十三陵中来。

明朝从南京迁都北京是在朱棣当皇帝的时候。朱棣深知北方的蒙古人总想重新问鼎中原，因而派重兵把守北方边界，但又怕掌兵权者拥兵自重，谋反叛乱，于是迁都北京，亲自来守这北方要塞。现在的故宫就是明、清两朝的皇宫。

从北京城出发到明十三陵，大概需要两小时车程，而明代皇帝从故宫去皇陵却要走五天时间，为什么选这里建造皇帝陵墓呢？原来，十三陵所在的地方依山傍水，三面环山，被认为是块绝佳的风水宝地。

可喜的是，明十三陵从来没有受到盗墓者的破坏。历来盗墓者不少，可他们都没有成功地找到过墓室，除了定陵在中华人民共和国成立初期被打开了地下宫殿，其余十二陵的宝藏，至今还完好地躺在地下呢。

13 欧洲人东来

随着15世纪末到16世纪的航海大发现，欧洲人的舰船航行到了世界各地，他们在扩张领土的同时，也输出了他们的文化。在这个时期，欧洲殖民者和传教士们经海路来到了中国。

在傲慢的欧洲人眼中，愚昧的原住民都是野蛮人和异教徒，毫无疑问必须驯服他们，得让他们穿欧洲人的衣服，说欧洲人的话，更重要的是，得拜欧洲人的神，信奉天主教。在南美洲，在非洲，他们成功了。但是，当他们来到东方之后，却发现原先的那一套完全行不通，因为东亚各国不仅实力强大，而且有着深厚的文化底蕴，尤其在盛产瓷器的中国，面对博大精深的华夏文明，他们甚至觉得自己才是野蛮人。在意大利传教士利玛窦来到中国之前，众多的西方传教士使尽浑身解数，仍被挡在紫禁城的高墙之外。

终于
到非
洲了！
他们在
说什么？
终于到美
洲了！
我要去中
国看看。

海盗式的掠夺

意大利旅行家马可·波罗（约1254—1324）在他的《东方见闻录》（又名《马可·波罗游记》）中，描绘了一个到处都是黄金珠宝的富庶的中国，激起了欧洲人对东方的热切向往，对后来新航路的开辟产生了巨大的影响。

时间推移到16世纪，当时的西欧处于资本主义萌芽和成长时期。欧洲的商人、

探险家及传教士们，都希望到东方来进行贸易与殖民活动，尤其希望到中国和印度来。

最先来到中国的是葡萄牙殖民者，当时的明朝称他们为佛郎机。1517年，葡萄牙殖民者首先抵达广东屯门岛，并在那儿建筑堡垒，大造火铳，杀人抢船，掠卖百姓。1521年，明军收复屯门岛，赶走了葡萄牙殖民者。

葡萄牙殖民者屡次被逐，却总是赖着不走，最后占据了澳门。澳门是广东香山县（今中山市）南端的一个小半岛，又称香山澳。明朝原在广州设置市舶司，以管理广东对外贸易事宜。后来，广东市舶司屡易其地，嘉靖时移至澳门。从此，澳门便成为广东对外贸易的中心。

1553年，葡萄牙殖民者以商船遇到风暴为借口，请求在澳门晾晒货物，并贿赂明朝官员得以进入澳门。葡萄牙殖民者在澳门，开始不过是搭棚栖息，不

历史微课

市舶司 全称市舶提举司，是中国古代在各海港设立的管理对外贸易的机关，相当于现在的海关。唐朝时在广州设立市舶使，是市舶司的前身。宋、元时重视海外贸易，在沿海多地设立市舶司，管理海上贸易。明朝承袭前代制度，在广州、泉州、宁波等地设立市舶司。市舶司作为中国古代的外贸机关，见证了中国宋、元、明三朝海上贸易的繁荣。

久便开始筑室居住，聚众至万余人，房屋也从几百间增加到千间以上。紧接着，他们又在澳门半岛以北的青洲建立大教堂，后来又借口防御荷兰人的进攻，公然在澳门修筑城墙。葡萄牙殖民者以澳门为基地，从事走私贸易，贩进运出各种货物，每年得利无数。

葡萄牙殖民者得以窃据澳门，完全是明朝地方官吏及朝廷腐败姑息的结果。但明朝政府并未将澳门割让给葡萄牙殖民者，明朝对澳门仍拥有主权，葡萄牙殖民者每年须向明朝缴纳地租五百两白银，明朝政府每年在澳门征税二万余两白银。

17世纪初期，葡萄牙、西班牙的海上势力逐渐衰落，荷兰殖民者的势力突起，掌握了东方海上的霸权，把触角伸进中国。1601年，荷兰殖民者首次闯入广东沿海。1622年，荷兰殖民者占据澎湖。1624年，福建巡抚南居益派兵大败荷兰殖民者，收复澎湖。荷兰殖民者败走台湾南部，但是明军并没有乘胜追击，以至于荷兰人占据了台湾南部。在此之前，西班牙人已占据台湾北部。1642年，荷兰人击败西班牙人，独占了台湾，直到郑成功收复台湾时，才将荷兰人驱逐出去。

博学的利玛窦

明朝刚建立的时候，明太祖朱元璋就颁布了海禁政策，严禁中国人下海通商。此后虽有郑和下西洋的壮举，海禁政策也有过多次反复，但明朝仍然是一个相对封闭的王朝。那时的中国人对外面的世界鲜有了解，以为中国就是世界的中心。直到四百多年前，意大利耶稣会传教士利玛窦以西洋客人的身份来到北京，终于翻开了中西文化交流史的新篇章。

利玛窦九岁进入耶稣会学校，十九岁在罗马加入耶稣教会，自愿到远东传教。万历十年(1582)，他远涉重洋来到澳门，开始了在中国近三十年的传教生涯。

在利玛窦来中国之前，欧洲人不知道东方古国是什么样子，中国人也不大了解欧洲。而利玛窦成功地把中国文化介绍到西方，把西方文明嫁接到中国的树干上，为促进中西方文化交流做出了不朽的贡献。

1583年，利玛窦由澳门入境并居住在广东肇庆，他在肇庆建造了中国内地的第一座天主教教堂。此后的十余年中，他一直在韶州、南昌等地传教。利玛窦认为，中国不仅在文学、哲学、艺术上，而且在天文、医学以及很多数学分支上都有很大的成就。

利玛窦总结了前人传教的经验与教训，脱下洋装，诚心诚意学习中国文化。他逐渐通晓汉文，熟读“四书”“五经”，尝试着将儒家文化与天主教相结合。这些都得益于他过目成诵、倒背如流的本领，他惊人的记忆力使中国的读书人佩服得五体投地。利玛窦还撰写了一本叫《西国记法》的书，专门介绍他的局部记忆法。

利玛窦定居南昌时，与明朝的高官广泛地交朋友，争取上层知识分子的支持。他结识了很多学者，还拜见过大戏剧家汤显祖。著名科学家徐光启也是他的好朋友，他们合作翻译了古希腊大数学家欧几里得的著作《几何原本》，并于1607年在北京印行。这是我国最早翻译的西方自然科学著作，很多专业名词至今仍“活”在我们的生活中。

博学的利玛窦除了精通数

学外，还研究过天文、地理、历史、文学、艺术、物理、哲学、建筑等，甚至还精通机械工艺。

为了拉近与中国人之间的距离，利玛窦把从西方带来的自鸣钟、三棱镜、书籍和自制的天文仪器摆在家中，邀请中国人来参观。为了更好地融入中国社会，他还担任“神医”，用奎宁治好了肇庆知府王泮的儿子的病。王泮感激之余，为他争取到在中国建房子居住和传教的权利。

历史微课

汤显祖（1550—1616）明代戏曲作家、文学家。汤显祖出身书香门第，早年做官，因不满官场腐败而辞官回乡，专心于戏剧及诗词创作。他创作的戏剧作品《牡丹亭》《紫钗记》《南柯记》和《邯郸记》被合称为“临川四梦”，其中《牡丹亭》最为著名，被视为世界戏剧艺术的珍品。

一幅世界地图让中国人看傻了眼

1595年，利玛窦打算从南昌出发进入北京，但没有获准。随后，他遍游中国沿海各地，向当地居民展示三棱镜、圣母像、油画、世界地图以及地球仪、天文仪和自鸣钟等西方的器物，中国文人和士大夫见了无不称奇。此时，利玛窦以为他进京的道路已经铺平，于1598年再度北上，到达通州，但他还是没有获得入京许可。

一年后，利玛窦携带着大量进贡皇帝的珍品，与西班牙传教士庞迪我一起第三次北上。不料正赶上日本入侵朝鲜，海上贸易停止，明朝的锦衣卫四处抓捕日本特务。利玛窦因为是外国人，差点儿被抓。他好不容易抵达天津，不料当地官员眼馋他的贡品，将他以违反外国人旅行法为由拘押。

六个月后，利玛窦在好朋友徐光启的帮助下，获得皇帝的恩准被释放。也有人说是明神宗

历史微课

壬辰卫国战争 16世纪末，日本军阀丰臣秀吉统一全国后，图谋占领朝鲜，入侵中国。1592年（壬辰年），日军攻陷朝鲜首都汉城（今首尔）及平壤。明朝应朝鲜求援出兵。1593年，朝、明军收复平壤，日军伪称议和，却于1597年再度集结重兵入侵朝鲜。次年，朝、明军反击，日军被迫撤出朝鲜。

突然想起有奏章称几个西洋人要来进贡，贡物清单中有自鸣钟、西洋琴等物件，明神宗急着想看自鸣钟的模样，这才颁旨命令利玛窦进京。

1601年初，利玛窦历经千辛万苦终于到达北京。明神宗看到自鸣钟，立刻就着了迷。因为只有利玛窦能修理自鸣钟，所以他被特许在宣武门附近租房居住，每月还可以获得一笔官银做生活费。

利玛窦进贡的世界地图也深受明神宗的喜爱，这是利玛窦为中国人绘制的第一幅世界地图《坤舆万国全图》。开始他还担心，中国人看到自己的国家不是世界中心，会攻击他。没想到，中国人看到地图后，受到极大震撼。尤其是明神宗，他对这幅世界地图爱不释手，每天晚上都要看过地图才去睡觉。利玛窦画的这幅世界地图在中国被翻描过十二次。此后中国的世界地图，也基本都沿用了这个图式。

之后的十年里，利玛窦安居在北京，并在宣武门内建起了北京第一座天主教堂。

利玛窦在他生命的最后一年，除了写完《中国基督教史》和忙于大型活动之外，还要指导修建教堂。他终于因过度劳累引发严重的头痛，从此一病不起，不久病逝。

利玛窦去世后，明神宗破例恩准将他葬在北京。

14 明末革新思想

明代后期，以李贽的“异端学说”为代表的革新思想，犹如五颜六色的大礼花，随着一声巨响，由地升空，光芒四射，照亮了人们的视线。除了李贽，黄宗羲、顾炎武、王夫之也都以反对封建专制和封建传统而闻名，他们思想进步，提出了开明的新经济主张，推动了经世致用思潮在中国大地的萌发与传播。三人都生活在明末清初，曾亲自参加过抗清斗争，而且誓不降清，不在清朝做官。

明末华夏文化曾是当时世界上最先进的文化，明朝的思想活跃程度在中国历史上也是空前的。在儒家学说的基础上，明朝文化已经萌发了具有近代资产阶级民主思想的启蒙思想，黄宗羲的《明夷待访录》比西方启蒙思想家卢梭的《社会契约论》还要早。李贽的书虽然屡次被禁，但仍然流传于世，在当时是畅销书，以至于某些书坊为了赚钱，居然把一些书冒充为李贽的著作拿来卖，其盛况可想而知。

啊，礼花！
啊，新知！

敢想敢说的李贽

出湖北省麻城东门，过河走十千米路，就是麻城“三台八景”之一的“钓鱼台”。离钓鱼台不到一百步远的山冈上，便是著名的龙湖“芝佛寺”。

明代万历年间，有个怪老头住在这里著书、讲学。虽说他是有大学问的人，却也开荒、种粮、种菜，勤快得很。周围的人只知道他姓李，看上去大概已过花甲之年，所以大家就叫他“李老头”。他就是李贽。

李贽幼年丧母，随父读书，学业进步迅速。他自幼性格倔强，善于独立思考，不受儒学传统观念束缚。他十二岁时作文，把孔子将种田人看成“小人”的言论批评了一番，他还批判了社会上长期以来重农抑商的思想，赞扬商人对社会的贡献。

万历九年(1581)，李贽辞去官职，先后在黄安(今湖北红安)、麻城等地讲学。这李老头讲学跟别的先生不一样。别的先生只收男娃，李老头偏偏要男娃女娃收在一起教；别的先生要求孩子们走路要轻，说话莫大声，而李老头偏要孩子们蹦蹦跳跳翻跟头，大声读书；别人教书要白天，李老头却要孩子们白天帮家里种田，夜晚听他讲学；别人是在学堂里教书，李老头要学生在钓鱼台上听；别人教书专讲“四书”“五经”，李老头专教些实用的东西，还经常出谜语逗孩子们玩：

什么脚上长头发，清早起来地上爬？
什么有脚不走路？什么无脚走天涯？

谜语一出，李老头就捻着胡子笑眯眯地望着孩子们。李老头教的孩子当然聪明，你一言，我一语，很快就答出来了：

扫帚脚上长头发，清早起来地上爬。
桌椅有脚不走路，扁担无脚走天涯。

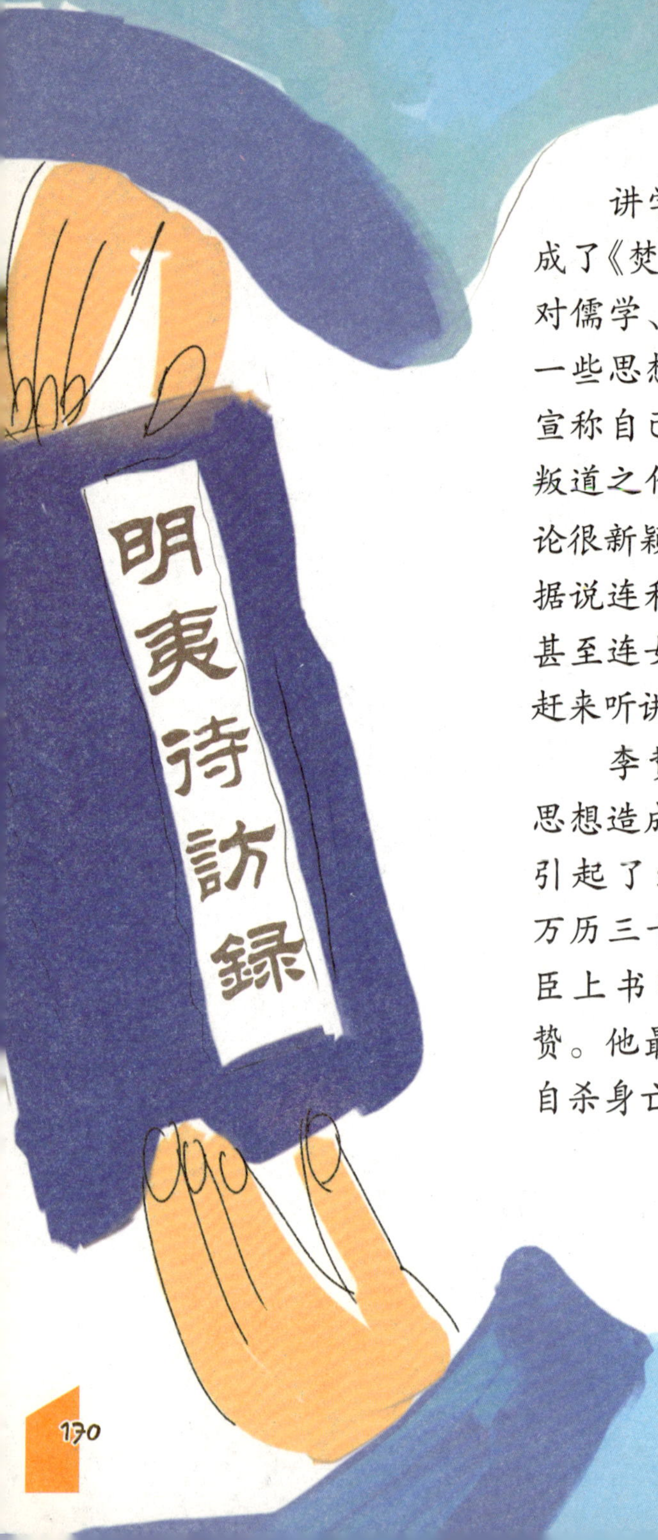

讲学期间，李贽还完成了《焚书》等许多著作，对儒学、宋代理学家们的一些思想进行了批判，并宣称自己的著作是“离经叛道之作”。由于他的言论很新颖，每次开坛讲学，据说连和尚、樵夫、农民，甚至连女子也走出闺门，赶来听讲。

李贽的言论对传统思想造成了强烈冲击，也引起了统治者的恐慌。万历三十年(1602)，有大臣上书明神宗，攻讦李贽。他最终被捕入狱，后自杀身亡。

天下为主，君为客

黄宗羲于1610年出生在浙江余姚的一个书香之家。他从小就聪明好学，肯动脑筋，常阅读先秦诸子百家的书籍，尤其喜欢读历史小说。

黄宗羲十四岁考中了秀才，就到北京和父亲住在一起。他的父亲黄尊素是天启年间的御史，明末著名的东林党人，后遭魏忠贤逮捕入狱。父亲入狱那年，黄宗羲十七岁，两年后，父亲黄尊素惨遭杀害。

黄宗羲为人直爽，待人接物诚恳热情，对事情有自己的主张，不人云亦云，也不偏激躁进。他二十三岁时，有人在皇帝面前举荐他做官，他力辞不就，因为他看到当时朝政一天不如一天，所以不愿出来做官。清兵入关后，民族矛盾日益尖锐。黄宗羲保护着自己的老师刘宗周昼伏夜行，到处躲避，不愿去南明小朝廷任职。后来，清廷要招降刘宗周，富有气节的刘宗周绝食十三天，壮烈殉难。刘宗周去世后的第二天，江浙百姓掀起了反抗清廷的武装斗争。

黄宗羲的主要贡献是在社会政治思想方面提出了比前人更成熟的“民主”观点。他总结了秦汉以来特别是明亡的历史教训，写成了《明夷待访录》。在这一著作里，他打破封建社会对君、臣、民之间关系的传统看法，对君权至上的专制主义制度进行了猛烈的批判。

黄宗羲大胆揭露了秦汉以来君主一人独占天下产业的罪状，对封建制度的罪恶提出了控诉，强烈反对暴君专制。他提出，理想中的政治模式应是“天下为主，君为客”，理想中的君主应该不辞辛劳，为百姓服务。黄宗羲还提出了“君臣共治”的设想，臣应该是君主的“师友”，不应该做君主私人的奴才。他还强调君臣都要以“天下万民之事”为己任，服务于君主一人的传统道德观念是没有什么价值的；只有废除封建专制的“一定之法”，才能产生合理的、真正服务于万民百姓的法律。黄宗羲还提出扩大学校的职权、以学校为议政机关的思想。这些思想，在当时看来都是大胆而又犀利的。

历史微课

姚江黄孝子 黄宗羲生长于书香小康之家，父亲黄尊素为明朝万历年间的进士，东林名士，因为弹劾魏忠贤被害。父亲冤死后，年仅十九岁的黄宗羲袖藏铁锥，孤身赴京为父讼冤。当时，崇祯皇帝即位，阉党失势，黄宗羲在刑部大堂当场锥刺魏忠贤死党许显纯等人，拽下他们的头发、胡子，在当时引起很大震动，人称“姚江黄孝子”，崇祯帝叹称其为“忠臣孤子”。

天下兴亡，匹夫有责

“天下兴亡，匹夫有责”，这句话常常被许多仁人志士提到。它究竟出自哪里？这和明末清初的著名思想家顾炎武有关。

顾炎武出生在江苏昆山的一个大户人家，他的祖父是个很有见识的人，认为读书人一定要研究现实。顾炎武受祖父影响，从小就喜欢读《资治通鉴》《史记》和《孙子兵法》等书，十分关心时事。后来，他参加科举，没有考中，就干脆放弃功名，转而通读历代史学典籍，研究全国各地的地方志和历代名人奏章，开始编写一本重要的历史地理著作——《天下郡国利病书》。

正当他潜心治学的时候，明朝灭亡了，清兵南下，江南各地掀起了轰轰烈烈的抗清斗争，顾炎武和他的两位好友也义不容辞地参加了保卫昆山的战斗。昆山军民跟清军激战二十一天后，因为兵力悬殊，最终失败。昆山城陷落之后，顾炎武的婶母(也是抚养他长大的养母)

听到清兵攻破常熟的消息，就绝食自杀，临终时嘱咐顾炎武说："我身为汉人女子，以身殉国是理所应当的。今后你不要做清廷的臣子，不然我死不瞑目。"

顾炎武痛哭一场，埋葬了他的婶母，离开了故乡。当时，清朝官府防备森严，一旦发现有抗清嫌疑的人，就给他们加上"通海"的罪名并关进监狱。昆山有个官僚地主叫叶方恒，为了吞并顾炎武家的田产，便买通顾家的仆人，诬告顾炎武通海，顾炎武马上被官府抓起来关进了监狱。

顾炎武的朋友为了搭救他，去找在清朝做官的钱谦益帮忙。钱谦益本是南明弘光政权的礼部尚书，又是个出名的文学家，清兵南下的时候，他投降了清廷，名声不好。钱谦益知道顾炎武是个难得的人才，十分爱惜，他表

示，只要顾炎武承认是自己的学生，就可以获得特许出狱。那位朋友了解顾炎武的为人，知道他断不肯那样做，就自作主张，假造了一张顾炎武的名帖，向钱谦益求助。

经过朋友们的奔走，顾炎武被释放了。但当他得知自己获释的原因后，直怪朋友多事，非要把名帖讨回来不可。朋友不肯前去讨还，他就索性在大街上贴了一份告白书，声明那张名帖是假的，弄得钱谦益十分尴尬。

再说，那叶方恒还不肯罢休，派人追踪顾炎武。顾炎武知道自己在江南待不下去了，就到北方游历去了。

顾炎武去北方的目的，一来是想考察各地的地理形势、风俗民情，二来也想找机会结交一些志同道合的朋友，进行抗清活动。更可贵的是，他在长途跋涉的艰苦环境里，并没有放弃学术研究。

一路上，他用两匹马、四匹骡子驮着他的书箱。走到地形险要的关塞，他就访问当地的退伍老兵，了解那里的风土民情，如果跟他在书本上读到的不一样，就拿出书本来核对研究一番，这样，他的知识和阅历越来越丰富了。

顾炎武从四十五岁起，用了二十多年时间，在山东、山西、河北、江浙来回奔走，每年差不多有一半时间住在旅店里。他还曾经和朋友一起，在山西北部开垦荒地，到了晚年，才在陕西定居下来。

顾炎武从小读书就有个习惯：一有心得马上记下来，后来如果发现有错误，就随时修改；发现跟古人议论重复的，就删掉。经过几十年的实地考察，日积月累，顾炎武终于编成一本涉及政治、经济、历史、地理、文艺等领域，内容极其广泛的书，叫作《日知录》。这是一部被公认为极有学术价值的著作。在《日知录》里，他写下了一段精辟的话，提出社会道德风气败坏就是“亡天下”，为了保天下不亡，每一个地位低微的普通人都应负起责任，后人将其概括为“天下兴亡，匹夫有责”。

王夫之嫁女儿

王夫之是我国明末清初著名的思想家、史学家和文学家，与顾炎武、黄宗羲合称“明清三大家”。他晚年居住在湖南衡阳的石船山，因此，世人也称他为“船山先生”，代表作有《读通鉴论》等。

王夫之的行事风格总是超凡脱俗，就连教育儿女的方法也让人啧啧称奇。

有一年，王夫之的大女儿要出嫁了。当时，社会上非常讲究陪送给女儿的嫁妆。嫁妆贵重，能显出家族的高贵；嫁妆少了，就会被人看不起。王家世代做官，于是人们猜测，他家嫁女儿必定会非常排场。

预定的婚期一天天临近了，王夫之却悠闲自在，丝毫没有准备嫁妆的意思。女儿心里着急，但又不好意思问父亲。后来，几位热心的邻居来到王家，询问嫁妆准备得怎么样了。

王夫之拱了拱手，笑呵呵地向大伙儿说：“多谢各位费心，小女的嫁妆我早就准备好了。”

“嫁妆在哪儿啊，可以让我们看看吗？”邻居一听，不由得睁大眼睛四下寻找起来。可是，屋子里空荡荡的，什么嫁妆也看不到。

“不急，不急，等小女出嫁的那天，你们再来看吧!”王夫之说,脸上挂满神秘的笑容。邻居们迷惑极了。

女儿的婚期一转眼就到了。那天一大早,迎亲的花轿来到了门口,热闹的鼓乐声一阵高过一阵。附近的大人小孩全都来看热闹,把王家围了个水泄不通。按规矩,新娘子应该离家上轿了。这时候,王夫之不慌不忙地打开自己的书柜,从里面捧出一个涂着红漆的小木箱子,亲手交给女儿,郑重其事地说:“这就是我给你准备多年的嫁妆。”

“里面装着什么宝贝呀?”看热闹的、迎亲的乡亲都想弄个明白,连新娘子心里也很纳闷。一位来迎亲的中年妇女实在憋不住了,借帮着拿东

西的机会，悄悄地掀开小木箱一看——“哎哟，里边原来是书和稿纸！”中年妇女的惊叫声引得周围的人都伸长脖子往箱子里瞧。于是，人们叽叽喳喳地议论开了，什么“没见过的事”，“值不了几个钱”等等，说什么的都有。

王夫之的大女儿听到这些议论，心里很委屈，她转身跑回自己的屋里，伏在床头低声地哭了起来。王夫之还是那样不慌不忙地朝众人摆摆手，然后进屋找到女儿，语重心长地对她说：“好女儿，你平时勤奋好学，很合我的心意。为了你的嫁妆，我想了很多很多，可别小看箱子里的东西。那书册里，有我一直以来研究的学问；那稿纸上，有我多年写作的成果。它会教你怎样做一个有骨气、有出息的人。任何金银财宝也比不上有用的知识啊！”

听了父亲的这番话，女儿心里亮堂起来。她抹掉眼泪，露出笑容，恭恭敬敬地收下父亲赠送的红漆小木箱……

15 明朝的科技文化

明朝商业繁荣，市场活跃，出现了资本主义萌芽。明后期自意大利传教士利玛窦来到中国后，西学东渐，中西科学技术合流，中国人开始进一步了解世界。明朝是当时世界上富强的王朝，科技水平也处于领先地位，在天文历法、数学、农学、医学、地理、军事等方面，明朝都有极高的成就，诞生了《本草纲目》《天工开物》《农政全书》《物理小识》《徐霞客游记》《算法统宗》《瘟疫论》《乐律全书》《外科正宗》《武备志》等著名的科技著作。

明朝文化极为繁盛，思想和文学艺术成就辉煌。明朝的文学成就莫过于长篇章回小说的问世，而章回小说当首推罗贯中的《三国演义》。明朝中叶以后，出现了长篇小说的创作高峰，各种神魔小说、世俗小说、公案小说基本上都在这个时候问世，最著名的有"三言""二拍"。此外，还有《牡丹亭》等爱情剧集和我国历史上规模最大的类书——《永乐大典》。

《永乐大典》诞生了。

隋唐志傳
水滸傳
三國演義
罗贯中
写小说一点也不难。

本草綱目
天工開物
農政全書
徐霞客遊記

四部古典科技巨著中，三部出在明朝

我国有四部古典科技巨著，除了北宋时期沈括著述的《梦溪笔谈》，其余三部都诞生于明朝。

《本草纲目》被誉为“东方医学巨典”，是明朝医学家李时珍二十余年心血的结晶，成书于1578年。全书共有190多万字，分成16部、60类，共记载了1892种药物，其中374种是李时珍新增加的药物；绘图1100多幅，并附有11000多个药方。它是几千年来祖国药物学经验和知识的总结。这部药典，不论是从它严密的科学分类，还是从它包含药物的数目之多和流畅生动的文笔来看，都远远超过古代任何一部本草著作。从17世纪起，《本草纲目》陆续被译成日、德、英、法、俄等多种文字，受到全世界药物学者、植物学者及其他学者的重视。

徐光启是明朝末年杰出的科学家，他知识广博，且善于学习外国的先进科学知识。他所著的《农政全书》，是一部集我国古代农业科学之大成的著作，刊行于1639年。该书除系统地总结了我国古代农业生产技术和经验外，还阐释了徐光启自己的研究成果，这些成果是他亲自实践得来的。全书有70多万字，图文并茂，内容丰富，分成水利、荒政等12个门类，是研究我国古代经济和农业生产经验的宝贵资料。徐光启还与利玛窦合作翻译了《几何原本》前六卷，介绍了西方数学。我们现在所熟知的几何、点、面、三角形、四方形等几何名词，都是由徐光启首先定名的。他为引进西方科技知识做出了重要贡献。

明朝末年著名科学家宋应星，潜心于科学技术的研究，并经常深入民间，实地考察，向农民和手工业者学习生产技术，最终写成了《天工开物》。《天工开物》初刊于1637年，是一部中国古代生产技术的总结性著作。该书详细记载了各种生产的具体操作方法，特别重视对先进手工业和农业的介绍，并提供了大量确切的技术。全书图文并茂，是研究明代社会生产和手工工场情况的宝贵资料。《天工开物》问世后，深受人们的重视，并被介绍到国外，被誉为“中国17世纪的工艺百科全书”。

四大古典名著中，三部出自明朝

明朝是华夏文明发展的一个伟大时期，它上承唐宋，下接新生的资本主义萌芽，思想更加开放。中国四大古典名著中的三部——《三国演义》《水浒传》《西游记》，都出自明朝。

根据陈寿的《三国志》和范晔的《后汉书》、元代的《三国志平话》以及一些民间传说，罗贯中写成了《三国演义》。它是我国第一部长篇章回体历史演义小说。《三国演义》故事开始于刘备、关羽、张飞桃园三结义，结束于王濬平吴，描写了东汉末年和三国时代魏、蜀汉、吴三国之间的军事、政治斗争。

施耐庵在《宣和遗事》及相关话本、故事的基础上创作了《水浒传》。全书以描写梁山英雄的反抗斗争为主要题材，塑造了李逵、武松、林冲、鲁智深等梁山英雄，揭示了当时的社会矛盾。相传，施耐庵十三岁时，已能在大庭广众之下对答如流、挥毫泼墨。一次，邻居家一位老人病故，其家人约请在浒墅关教私塾的季秀才写祭文。季秀才未能及时赶到，别人提议让施耐庵试试。施耐庵年少气盛，也不推让，接过笔来一挥而就。后来，季秀才看了这篇兼有稚气和才气的祭文，称赞不已，主动提出带施耐庵到浒墅关去读书，并且不收学费，后来还把自己的女儿许配给了他。

《西游记》是在唐僧取经的民间故事和有关话本及杂剧的基础上创作的。《西游记》前七回叙述孙悟空出世、大闹天宫等故事，此后写孙悟空随唐僧西天取经，沿途降妖除魔、战胜困难的故事，歌颂了孙悟空不畏强暴、机智勇敢以及百折不挠的精神。《西游记》的作者是吴承恩。吴承恩大约四十岁时才补得一个贡生，到北京等待分配官职，没有被选上。由于母老家贫，他就去做了长兴县丞，终因受人诬告，两年后“拂袖而归”。他晚年以卖文为生，大约活了将近八十岁。

上面三大名著除了文采极好外，还有比较强烈的政治意义，相比其他书籍，《三国演义》《水浒传》《西游记》对社会各个方面的影响都非常深远。

以唐伯虎为首的江南四大才子

“唐伯虎点秋香”的故事在中国可谓家喻户晓，说的是风流才子唐伯虎对俏丽丫鬟秋香一见钟情，最后两人喜结良缘的故事。明朝末年，冯梦龙以“唐解元一笑姻缘”为题，将这个故事编进了广泛流传的《警世通言》中，使其走进了千家万户。这个故事其实是虚构的。

唐伯虎是明朝著名的画家、文学家，他本名叫

唐寅，伯虎是他的字。唐伯虎出生于吴县(今江苏苏州)的一个商人家庭，父亲希望他通过科举考试当官，以光宗耀祖，他对此却满怀鄙夷。有一年，他对朋友说："中举易如反掌，只要闭门读书一年就可夺得解元(乡试第一名)。"后来，他在朋友祝允明(即著名才子祝枝山)的激励下，认真读书一年后参加乡试，果然中了解元。第二年会试时，他却因一名同室的考生作弊而被牵连入狱。唐伯虎从此无意科举，以诗、书、画、酒自娱，游遍名山大川，靠卖画为生。他自视甚高，刻了一个图章，自称"江南第

历史微课

冯梦龙(1574—1646) 字犹龙，号墨憨斋主人，长洲(今江苏苏州)人，明代著名文学家。冯梦龙出身于士大夫家庭，兄弟三人并称"吴下三冯"。冯梦龙的作品最有名的是《喻世明言》《警世通言》《醒世恒言》，合称"三言"，与明代凌濛初的《初刻拍案惊奇》《二刻拍案惊奇》合称"三言""二拍"，是中国古代白话短篇小说的经典代表。

一才子”。后人也视他为“江南四大才子”之首。

所谓“江南四大才子”，又叫“吴中四才子”，指的是明朝中期的四位文人——唐伯虎、祝枝山、文徵明、徐祯卿。

“江南四大才子”文思敏捷，才华横溢，诗词曲赋样样精通。后来的一些民间传说讲到四大才子是苏州的唐伯虎、祝枝山、文徵明、周文宾。唐、祝、文、周中的前三人，历史上确有其人，而周文宾则是后世文人虚构的。徐祯卿是明代文学家，他的诗风格清朗，但他不通书画，性格也与其他三位不同；另外，徐祯卿英年早逝，且科举之后留在京城，不在故乡苏州。大概由于这些缘故，徐祯卿就被杜撰出来的相貌秀美的周文宾所代替了。

历史上的文徵明，与今天影视作品中的文徵明确有相近之处。他处世谨慎，画风也酷似其为人，笔触秀润，构图平稳。而祝枝山性格幽默，其作品也如其人，他的书法笔势挺健，出入变化，自成一体。

小试身手

选择一个正确的选项。

1. 在朱元璋统一中国、建立明朝的过程中，下列事件按时间先后顺序排列正确的是(　　)

①消灭张士诚割据势力

②攻克大都，灭元朝

③消灭陈友谅割据势力

A.①②③　　B.②①③　　C.③②①　　D.③①②

2. 朱元璋能够在元朝末年众多割据势力中取得最后胜利，离不开对人才的善加利用。下列人物中，不属于朱元璋手下谋臣将领的是(　　)

A.韩世忠　　B.常遇春　　C.徐达　　D.刘基

3. 明初四大案中，重点惩治经济犯罪的案件是(　　)

A.空印案　　B.郭桓案　　C.蓝玉案　　D.胡惟庸案

4. 下列关于朱元璋的叙述中，不正确的是(　　)

A.他是元末起义军的一位领袖

B.他率领起义军推翻元朝的统治

C.他建立明朝，定都应天

D.他于1421年建立明朝

5. 人们常用“一人之下，万人之上”来形容宰相的地位。我国古代设立和废除宰相制度的朝代分别是(　　)

A.秦朝和唐朝　　B.西汉和唐朝

C.秦朝和明朝　　D.西汉和明朝

6. 我们今天看到的长城大多修建于(　　)

A. 秦朝　　B. 元朝　　C. 明朝　　D. 清朝

7. 世界历史上最大的百科全书是(　　)

A.《古今图书集成》　　B.《永乐大典》

C.《四库全书》　　D.《太平御览》

8. 明朝前期,率领着庞大的远洋船队七下西洋,开辟亚非海上通道的是(　　)

A. 郑和　　B. 郑成功　　C. 戚继光　　D. 朱棣

9. 王明对同学说:"明朝的官员没有隐私权,太可怕了!"明朝造成这一后果的措施是(　　)

A. 焚书坑儒　　B. 设置厂卫特务机构

C. 八股取士　　D. 大兴文字狱

10. 明朝被称为"中国历史上最大的太监帝国"。下列不属于明朝太监的是(　　)

A. 刘瑾　　B. 王振　　C. 魏忠贤　　D. 高力士

11. 明朝"土木之变"后,率领军民守卫京师,击退瓦剌,被称为"救时宰相"的是(　　)

A. 解缙　　B. 杨一清　　C. 于谦　　D. 徐有贞

12. 明朝时的抗倭将领是(　　)

①戚继光　　②俞大猷　　③岳飞　　④文天祥

A. ①②　　B. ①③　　C. ②③　　D. ②④

13. 明朝在位时间最长的皇帝所使用的年号是(　　)

A. 永乐　　B. 万历　　C. 嘉靖　　D. 崇祯

14. 张居正被誉为“宰相之杰”。下列事迹中不属于张居正的是(　　)

A. 改革赋税制度,实行“一条鞭法”

B. 安抚蒙古,整饬军备,加强边防

C. 设立“制置三司条例使”,推行变法

D. 派人治理黄河,平定水患

15. 下列人物中,属于明末农民起义军领袖的是(　　)

①高迎祥　　②张献忠　　③李自成　　④陈友谅

A. ①②③　　B. ①②④　　C. ①③④　　D. ②③④

16. 明末华夏文化是当时世界上最先进的文化,其思想活跃开放程度在中国历史上是罕见的。下列人物与其代表作对应正确的是(　　)

A. 黄宗羲——《明夷待访录》　　B. 顾炎武——《读通鉴论》

C. 王夫之——《焚书》　　D. 李贽——《日知录》

17. “看我抓一把中药服下一帖骄傲”“让我来调个偏方专治你媚外的内伤”。这是周杰伦演唱的中国风系列歌曲《本草纲目》中的歌词。下列对于《本草纲目》的说法中,不正确的是(　　)

A. 被誉为“东方医学巨典”

B. 是明朝医学家、药物学家李时珍所著

C. 是我国明清时期科技成就的典型代表

D. 堪称17世纪中国科技的百科全书

18. 我国古代科技文化成就斐然。下列选项中搭配完全正确的是(　　)

A.《伤寒杂病论》——华佗——中医名著

B.《兰亭序》——颜真卿——“天下第一行书”

C.《资治通鉴》——司马光——纪传体通史巨著

D.《天工开物》——宋应星——“中国17世纪的工艺百科全书”

19. 北宋东京八十万禁军教头林冲被逼上梁山，参加农民起义，这一文学形象出自(　　)

A.《西游记》　　B.《红楼梦》

C.《水浒传》　　D.《三国演义》

20. 郑和与郑成功在中国历史上都是彪炳千秋、名垂青史的英雄，是中国人民引以为自豪的杰出人物。他们所建立的旷世奇功分别是(　　)

①收复新疆　　②七下西洋

③收复台湾　　④虎门销烟

A.①②　　B.①④　　C.③④　　D.②③

答案

1.D	2.A	3.B	4.D	5.C
6.C	7.B	8.A	9.B	10.D
11.C	12.A	13.B	14.C	15.A
16.A	17.D	18.D	19.C	20.D